国家自然科学基金地区项目：71761020
国家自然科学基金重点项目：71531003
国家自然科学基金青年项目：71601031
江西省高校人文社会科学研究项目青年项目：JC18209

Zimaoqu Beijingxia Pingxing Jinkou Maoyi zhong Gongyinglian Yunying yu Xietiao Yanjiu

自贸区背景下平行进口贸易中供应链运营与协调研究

洪定军　著

西南财经大学出版社
Southwestern University of Finance & Economics Press

中国·成都

图书在版编目(CIP)数据

自贸区背景下平行进口贸易中供应链运营与协调研究/洪定军著.—成都:西南财经大学出版社,2021.6
ISBN 978-7-5504-4207-8

Ⅰ.①自…　Ⅱ.①洪…　Ⅲ.①进口贸易—供应链管理—研究—世界
Ⅳ.①F746.11

中国版本图书馆 CIP 数据核字(2019)第 252992 号

自贸区背景下平行进口贸易中供应链运营与协调研究
洪定军　著

策划编辑:李邓超
责任编辑:王琳
封面设计:张姗姗
责任印制:朱曼丽

出版发行	西南财经大学出版社(四川省成都市光华村街55号)
网　　址	http://cbs.swufe.edu.cn
电子邮件	bookcj@swufe.edu.cn
邮政编码	610074
电　　话	028-87353785
照　　排	四川胜翔数码印务设计有限公司
印　　刷	四川新财印务有限公司
成品尺寸	170mm×240mm
印　　张	11.5
字　　数	169千字
版　　次	2021年6月第1版
印　　次	2021年6月第1次印刷
书　　号	ISBN 978-7-5504-4207-8
定　　价	78.00元

研究出版资助

　　本书作为西南财经大学出版社年度重点出版的学术专著，由国家自然科学基金委经费资助出版，本书也得到江西省高校人文社会科学研究项目青年项目的支持。项目资助基金具体信息如下：国家自然科学基金地区项目"灰色市场环境下供应链定价及售后服务联合决策研究"（71761020）、国家自然科学基金重点项目"基于物联网应用的价值共创模式与价值网络治理机制研究"（71531003）、国家自然科学基金青年项目"考虑纵向企业间成本降低型股权投资的供应链建模与优化"（71601031）、"江西省高校人文社会科学研究项目青年项目"（JC18209）。

前　言

　　平行进口，是指未获得品牌商授权的机构或个人在某区域销售该品牌商品的非正式的销售渠道。现实中，由于不同市场中同类产品的价格差异，一些授权或非授权的机构或个人将低价市场中的产品转售至高价市场以获取利润，这些被转售的产品被称为平行进口产品，这些参与平行进口贸易的非授权机构被称为独立平行进口贸易商，这些参与平行进口贸易的授权机构被称为授权分销商（也称平行进口贸易商）。现有文献中，假定独立平行进口贸易商进行套利投机的研究均基于单一跨国集团公司的角度，而没有从分散化供应链的角度进行研究；假定平行进口贸易商进行套利投机的研究均基于平行产品流入市场中的授权渠道与非授权渠道是同时决策的角度。另外，目前还没有研究考虑同时存在授权分销商和独立平行进口贸易商进行套利投机的情形。因此，针对现有研究的不足，本书从分散化供应链的角度，考虑仅独立贸易商进行套利投机、仅授权分销商进行套利投机以及同时存在这两类平行进口贸易商进行套利投机的三种情形，构建平行产品流入市场中授权分销商与投机者的序贯决策模型，研究平行进口贸易环境下供应链节点企业的运作决策，并设计相应的契约机制以协调分散化供应链。

　　基于此，本书主要关注以下三个方面的内容。

　　首先，在仅独立平行进口贸易商进行套利投机时，本书研究了授权渠道分散化决策下的供应链运营决策及相应的协调机制，构建了由一个制造商、两个分别处于不同国家的分销商以及一个独立的平行进口贸易商组成的三阶段 Stackelberg 博弈模型。本书借鉴并拓展现有相关研究，假定制造商在其与分销商的子博弈中处于主导地位，平行产品流入市场中的授权分销商在其与投机者的子博弈中处于领导地位。本书运用逆向归纳法求解，分别得到制造商的最优批发价格决策、分销商的最优订货决策以及平行进口贸易商的最优运作决策，并设计契约对分散化供应链进行协调。在此基础上，本书考虑了制造商在其中一个市场直接销售产品的两种部分集中化决策情形。与已有研究不同，本书在仅独立的平行进口贸易商参与平行进口贸易时，从分散化供应链的角度进行研究，而非从单个跨国集团公司的角度进行研究。

其次，在仅授权分销商进行套利投机时，本书构建平行产品流入市场中的授权分销商与平行进口贸易商的序贯决策模型，研究分散化供应链的运作决策及协调机制。针对现有研究的不足（忽略了平行产品流入市场中的授权分销商与平行进口贸易商的市场力量差异），本书考虑由单个制造商和两个处于不同国家市场的分销商组成的跨国供应链（其中一个分销商直接参与平行进口贸易），构建平行产品流入市场中以授权分销商为领导者和以平行进口贸易商为跟随者的 Stackelberg 博弈模型。本书采用逆向归纳法进行求解，分别得出制造商、授权分销商以及平行进口贸易商的最优运作策略，并深入研究了采用两部定价机制对分散化供应链进行协调的问题。在此基础上，本书进一步考虑制造商在平行产品流入市场中直接销售产品的部分集中化决策情形。与已有研究不同，本书在仅授权分销商参与平行进口贸易时，考虑平行产品流入市场中的授权分销商与投机者是序贯决策，而非同时决策。

最后，在两类投机者参与平行进口贸易时，本书研究了授权渠道完全分散化决策下的供应链运营决策及协调机制。针对现实中存在授权分销商与独立的平行进口贸易商均进行套利投机的现象，本书构建由单个制造商、两个分别处于不同国家的授权分销商以及独立的平行进口贸易商组成的三阶段博弈模型。本书运用逆向归纳法进行求解，分别得出制造商、两个分销商以及独立平行进口贸易商相应的最优运作策略，并研究了分散化供应链的协调问题。在此基础上，本书进一步考虑制造商在平行产品流入市场中直接销售产品的部分集中化决策情形。与已有研究不同，本书考虑了存在两类投机者均参与平行进口贸易的情形，而不是仅考虑独立的平行进口贸易商进行投机，或者授权分销商进行投机。

目　录

1 绪论

本书研究平行进口贸易环境下供应链的运作决策及协调机制问题。本章首先介绍本书的研究背景，并基于研究背景阐述本书的研究动机，然后提出研究所面临的具体问题，并结合提出的问题拟定研究思路，给出本书的具体研究内容，最后阐述研究的创新点。

1.1 研究背景与研究动机

1.1.1 研究背景

随着信息技术的迅猛发展，人们的信息搜寻成本大幅度降低。例如，消费者无论身处何地，都可以随时利用手机或电脑等通过互联网搜索到相关产品在其他国家或地区的相关信息，并且可以利用信用卡从互联网上购买其他国家的产品，如 CD、图书、电子产品等[1]。另外，随着近年来物流处理技术的迅速发展，很多企业（如顺丰集团、亚马逊等）都已开展跨境寄递业务，这使得人们跨境购买产品的交易成本大幅度降低。如今，发达的物流处理技术、互联网的普及和盛行给平行进口提供了非常适宜的土壤。事实上，这些产品通常是其品牌拥有者授权下游分销商在相应地区进行销售，而这种跨地区销售行为并没有得到品牌拥有者的授权，是一种平行进口行为[2]。

平行进口（gray market & parallel import），是指未经商标所有者授权而在某区域销售该品牌产品的一种非正规的销售渠道[3]。现实中，由于不同市场中同类产品的价格差异，一些机构或个人将低价市场中的产品运往高价市场中销售以赚取差价，这些以赚取差价为目的未被授权的机构或个人被称为投机者，这些由平行进口贸易商转售的产品被称为平行产品[4-5]。与假冒伪劣产品不同，平行产品是经过品牌所有者的认可与授权的产品，并且附有该品牌真实商标，只是通过非授权渠道流向消费者[6-8]。

1.1.1.1　平行进口的现实背景

尽管发生在某一国家内的平行进口早就存在，20世纪80年代初随着经济全球化进程加快与电子商务迅猛发展，国际平行进口才迅速发展。根据美国国家经济研究协会经济咨询公司（NERA）的统计，欧盟市场上涉及平行产品的有电器、IT、服装、软饮、化妆品、医药、汽车和奢侈品等行业，并且平行进口规模非常大[9]。毕马威会计师事务所（KPMG）和反平行进口联盟（AGMA）曾经对平行进口进行调查研究，其结果显示，整个IT产业中平行进口所占市场份额高达10%，每年流入平行进口的IT产品的销售额约为580亿美元[10]（1美元约等于6.541人民币，下同）；每年通过平行进口流入美国的消费品的销售额也高达数百亿美元[11]。接受调查的部分企业表示，平行产品的售价通常比授权渠道产品的售价要低25%左右，平行进口的出现毫无疑问对原先参与者的经营业务造成很大影响。平行进口已经成为全球经济活动中的一种普遍的经济现象，不仅存在于发展中国家的市场，也存在于很多发达国家的市场中[12,13]。

由于中国的市场规模巨大，为了获取高额的利润，国外品牌商的产品在中国市场通常售价高、供货量少[14]。两个市场的产品价格差异是推动平行进口贸易发展的根本动力。例如，平行进口贸易中黑人牙膏的售价低于授权渠道产品价格的40%以上，香奈儿等奢侈品牌产品在我国的零售价格高出其在法国零售价格的40%以上。2015年，为了抑制平行进口贸易带来的影响，香奈儿官方将专柜售价下调了20%以上。常见的平行进口贸易形式有代购、海淘等，近年来跨境电商的兴起也为平行进口的发展提供了新的平台[15]。例如，亚马逊中国推出海外购物节，包括亚马逊海外直采购、海外分销商入驻亚马逊平台等方式；2014年11月美国四大百货公司均宣布支持支付宝海外直邮；京东推出了"全球购"业务；顺丰集团开展了"海淘转运+跨境寄递"业务；等等。

在相关法律方面，许多国家（如日本、新加坡、韩国、澳大利亚和新西兰等）都采用"权利穷竭"原则，默许平行进口的存在[16-19]。2013年3月19日，美国最高法院对留美泰国学生在美国转售书籍的案件进行裁定时，认为只要产品是合法地被售出，无论是在美国或其他地方，都可以合法地在美国转售，而无须获得版权所有者的许可[20]。我国政府对部分行业的平行进口贸易持肯定态度。例如，在上海自贸区开设的平行进口汽车交易中心在2015年2月9日正式营业，国内其他城市也正在开展自贸区申报的相关工作。在政府不阻止平行进口的情形下，企业很难依靠自身的力量消除平行进口，而只能在平行进口客观存在的前提下做决策[21]。因此，基于以上现实背景，平行进口贸易环境下跨国供应链如何进行运作决策及协调，是供应链运营管理面临的新问题。

1.1.1.2 平行进口的理论背景

平行进口产品流入某市场后给该市场中消费者带来更多选择的同时，也使得供应链所处的环境更加复杂。从品牌拥有者的角度看，平行进口的出现影响了其歧视定价策略[22]，平行产品"搭便车"[23-24]，削弱了品牌所有者对渠道的控制能力以及折损其品牌形象[25-27]。从流入平行产品的市场的角度看，平行进口的存在引起了同品牌产品的内部竞争，侵蚀了该市场中授权渠道产品的市场份额[28-29]。从平行产品来源市场的角度看，一方面该市场中部分产品流入平行进口，导致可供该市场中消费者购买的产品数量减少[30]；另一方面制造商为了降低平行进口的影响而提高其对平行产品流出国家市场中分销商的批发价格，这将加剧供应链纵向双重边际效应[31]。虽然平行进口为品牌所有者带来如上诸多不利影响，但是还有学者认为品牌拥有者也是平行进口的受益者[32]，其原因有：①平行产品是该品牌产品的正品，其所实现的销售额是品牌拥有者业绩的一部分①[33]；②平行进口贸易商具有更敏锐的洞察力，从而帮助品牌拥有者拓展潜在市场，发现更多的潜在客户[34]；③平行进口实质上是一种品牌内部竞争[35]，可帮助品牌拥有者提升渠道的运营效率。

理论界对平行进口问题的研究尚处于起步阶段，主要集中探讨品牌商的利益得失和平行进口对各国福利的影响。通过对现有文献进行整理，基于现实中平行产品流经的途径，我们可将平行进口大致划分为以下三类典型：①零售层面（the retail level）的平行进口[31]，是指某品牌产品被销售到不同市场中后，由于市场间产品价格差异的驱使，平行进口贸易商从低价市场中购买该产品并销售至高价市场。②分销层面（the wholesale level）的平行进口[31]，是指某品牌商通过授权分销商在其所处的市场中销售产品，而该授权分销商将产品销售至未被授权销售的市场中。此时，该分销商具有双重身份，即其在授权销售的市场中为授权分销商，在未被授权销售的市场中为平行进口贸易商。③渠道间产品转移（channel flow diversion）[36]，是指某品牌拥有者针对不同的授权分销商制定不同的批发价格，而采购成本高的分销商将从采购成本低的分销商处以低于其原有的采购价格进货，并在市场中销售。在如上三种类型的平行进口中，前两类均是平行进口产品从一个市场转移至另一个市场中销售，本书也是基于这个角度对平行进口进行研究。

现有关于零售层面平行进口的研究均是以单一跨国企业为研究对象，分析该企业受平行进口的影响，而没有从供应链的角度分析平行进口对品牌商、代理商和分销商的影响机理。而关于分销层面平行进口的研究，均假定授权分销商直接参与平行进口套利投机，并且平行产品流入市场中的授权分销商与投机者（市场力量等）是完全相同的。此外，毕马威会计师事务所（KPMG）和反平行进口联盟（AGMA）的调查研究表明，实际上存在很多授权分销商与独立平行进口贸易商同时参与平行进口套利投机，现有研究还没有涉及这方面。因此，基于以上理论背景，跨国供应链要想在平行进口贸易环境下得到更好的发展，更好地应对

---

① 例如，由于支持支付宝海外直邮，美国四大百货公司在2015年的购物狂欢节"黑色星期五"实现的销售额比前一年增长近30倍。

平行进口，探讨平行进口对供应链的影响机理自然成为理论研究的首要问题。

1.1.2 研究动机

随着信息技术和物流处理技术的迅速发展，平行进口在现实生活中已成为一种常见的经济现象，并且其市场规模还在日益扩大。传统供应链管理的概念是从企业资源的范畴出发，将以往单一企业内部延伸扩展至整个社会，使得相互联系的企业形成利益共同体，通过整体利益最大而达到双赢甚至是多赢的目的[37]。然而，在某些情况下，平行进口贸易商与供应链授权者有着不可调和的矛盾。例如，苹果公司在中国内地与香港都有直营店，而现实中大量平行进口贸易商从香港购买产品带回中国内地销售，从而牟取差价。平行进口产品必然对苹果公司授权渠道产品的市场份额有所冲击，并且苹果公司不可能与平行进口贸易商达成合作实现共赢。现有关于平行进口贸易环境下供应链运营的研究比较少，尚缺乏相关理论对平行进口贸易环境下供应链运营决策及效率提升进行科学指导。

理论上，在一个制造商通过两个不同国家或不同地区的分销商销售产品且存在平行进口时，会有以下情况：①从平行产品流出市场的角度看，一方面，平行进口能增加位于平行产品流出国家分销商的销量，因此，该分销商将会降低产品市场价格以实现销售额的增加，此时双重边际效益减弱；另一方面，由于平行产品会侵蚀其流入国家市场的授权渠道产品市场份额，因此，制造商将会提高对平行产品流出市场中分销商的批发价格，此时双重边际效应加强。②从平行产品流入市场的角度看，平行产品在侵蚀其流入国家市场授权渠道产品市场份额的同时，还将带来同品牌产品的横向竞争，进而弱化纵向双重边际效应。③从制造商的角度看，平行进口贸易商的出现影响了制造商原来的歧视定价策略，而且还牟取供应链的部分利润，但是也可以带来正面影响，如弱化供应链纵向双重边际效应。综上所述，平行进口对传统供应链带来的影响是多方面且复杂的，跨国企业要想在平行进口贸易环境下得到更好的发展，就必须考虑平行进口情况。因此，本书研究平行进口对供应链的影响机理是非常必要的。

1.2　问题提出

平行进口的出现对于传统供应链而言无疑创造了一种全新的运营环境，供应链节点企业在进行各自的运作决策时，需要考虑平行进口贸易商的套利行为。通常供应链的运营过程表现如下：首先制造商生产产品并制定批发价格，其次分销商采购并将产品销售到市场中，最后平行进口贸易商观察到市场间产品价格的差异，再从低价市场中采购产品并转运产品销售至高价市场。在整个流程中涉及制造商的批发价格决策、分销商的订货决策以及产品的市场价格决策、平行进口贸易商转运决策，因此，对平行进口进行分析必然需要包含以上三个阶段。我们可以认为平行进口环境是传统供应链管理面临的一个全新问题，在对平行进口贸易环境下供应链进行研究时，我们需要明确其可能会存在的相关问题。

首先，如何构建平行进口贸易环境下供应链的运营模型？虽然已有部分文献构建模型对平行进口现象进行研究，但是这些模型没有考虑如下几个因素：①著名供应链专家马丁（Martin）曾说"市场上只有供应链而没有企业"，而关于零售层面平行进口的研究仅从单个跨国企业的角度进行，并没有探讨平行进口对分散化供应链的影响。②从博弈论的角度看，市场中企业的决策顺序通常依赖于它们各自的市场力量，其中先决策者往往比后决策者的市场力量强[38]。现有关于分销层面平行进口的研究，假设授权分销商与平行进口贸易商具有相同的市场力量，而不曾考虑授权分销商与平行进口贸易商具有不同市场力量的情形。现实中，授权分销商往往具有忠实的客户群体和更强的市场力量[39-40]，并且从产品流经的过程来看，平行进口贸易商的行为通常是滞后于授权分销商。③很少有学者考虑同时存在授权分销商与独立平行进口贸易商进行套利投机的情况。综上所述，构建平行进口贸易环境下供应链模型是本书研究的关键问题之一，是进一步分析平行进口对供应链影响的基础。

其次，平行进口对供应链运营的影响机理是什么？要回答该问题，我们需要在构建模型的基础上求解制造商、授权分销商以及平行进口贸易商这三者的最优运作策略，从而剖析平行进口对各节点企业运作决策和相应利润的影响。只有深入地分析平行进口对供应链运营的影响机理，我们才有可能为现实中供应链运营决策和提升绩效提供有效的方法指导。本书对该问题的分析体现在平行进口贸易环境下供应链模型的求解和分析部分，这是本书着力解决的第一个问题。

最后，在平行进口贸易环境下提升供应链的运作效率，进一步实现平行进口贸易环境下供应链的协调是本书研究的目的。现有关于平行进口的研究都没有考虑供应链的协调问题，仅是基于制造商的角度分析平行进口的利弊。然而，在跨国环境中供应链是由很多独立的决策主体构成的，他们在优化各自运作决策目标时，所做的决策往往是局部最优决策[41]。因此，在平行进口贸易环境下，如何设计契约机制以提升供应链绩效，并且保证供应链节点企业都能受益，成为企业跨国运营面临的现实问题。从本节内容可知，平行进口贸易环境下，既存在供应链纵向竞争，又存在同品牌产品横向竞争。因此，本书基于制造商的角度，设计契约机制以平衡平行进口贸易商牟取利润、纵向竞争与横向竞争这三种因素的影响。另外，需要指出的是，本书没有考虑独立的平行进口贸易商作为供应链节点企业考虑的原因为：①本书以原有的供应链（授权渠道企业）为研究对象，分析平行进口带来的影响，这方面与已有研究相同；②现实中，工商部门没有针对独立平行进口贸易商设立经营许可证，工会、商会也没有将独立的平行进口贸易商纳入考虑范围。

1.3　研究思路与研究内容

鉴于 1.1 节根据平行进口产品流动过程对平行进口类型进行分类，即零售层面的平行进口（the retail level）、分销层面的平行进口（the wholesale level）和渠道间产品转移（channel flow diversion），其中前两类的共同点为产品由一个市场转移至另一个市场中销售，本书以前两类为研究对象。本书的第 3 章为"仅存在独立平行进口贸易商时供应链运营决策及协调机制研究"，第 4 章为"仅授权分销商参与平行进口贸易时供应链运营决策及协调机制研究"，这两章均考虑的是简单的环境。第 5 章则考虑存在两类投机者同时参与平行进口贸易，是一种更复杂的环境。虽然已有文献在对平行进口进行研究时考虑了产品服务、投资、补贴、税收等因素，但是目前还没有学者在平行进口贸易环境下研究分散化供应链的协调问题，该方面的研究尚处于起步阶段，本书也未考虑这些因素。

1.3.1 研究思路

针对现有关于平行进口的研究的不足，本书研究的主线为：①从供应链的角度研究零售层面的平行进口，即构建仅独立平行进口贸易商进行套利投机[42]时的分散化供应链模型。②从供应链的角度研究分销层面的平行进口，即构建仅授权分销商进行套利投机[43]时的分散化供应链模型。③从供应链的角度构建同时存在两类投机者进行套利投机时的分散化供应链模型。本书所构建的模型均考虑平行产品流入市场中的分销商与投机者是序贯决策。以上三个方面分别与本书的第 3 章至 5 章相对应，每章具体的结构和内容在 1.3.2 中有详细的介绍。

第 3 章的研究思路为：首先，本章考虑完全分散化的供应链结构，即制造商通过两个分别处于不同国家市场的分销商分销产品，并且存在独立的平行进口贸易商进行投机。本章运用博弈理论求解构建的决策模型，得出各参与者的最优运作决策，通过比较存在平行进口和不存在平行进口时各参与者相应的策略与利润，分析平行进口对供应链产生的影响。其次，本章考虑授权渠道为集中化决策供应链，即假定授权渠道企业为一个整体，制造商基于整体利润最大化的角度进行决策，分别求出集中化供应链与平行进口贸易商的最优运作策略。再次，本章以集中化供应链的整体绩效为基准，研究分散化供应链的协调问题。最后，本章考虑制造商在一个市场直接销售产品，并在另一个市场通过分销商销售产品的两种情形，研究供应链的最优运作决策及协调问题。

第4章的研究思路为：首先，本章考虑完全分散化的供应链结构，即制造商通过两个分别处于不同国家市场的分销商分销产品，并且其中一个授权分销商参与平行进口贸易，构建平行产品流入市场中的授权分销商与投机者的序贯决策模型。本章运用博弈理论求解构建的决策模型，并比较授权分销商与平行进口贸易商同时决策和序贯决策情形之间的差异对供应链产生的影响。其次，本章考察实施两部定价合同对供应链进行协调。最后，本章考虑制造商在平行产品流入市场中直接销售产品的情形，研究供应链的最优运作决策及协调问题。

第5章的研究思路为：首先，本章考虑完全分散化的供应链结构，即制造商通过两个分别处于不同国家市场的分销商分销产品，并且其中一个授权分销商与独立的平行进口贸易商均参与平行进口贸易。本章运用博弈理论求解构建的决策模型，从而得出各参与者的最优运作决策，再比较该授权分销商是否参与平行进口贸易时各参与者相应的策略与利润，分析平行进口对供应链产生的影响。其次，本章考虑授权渠道为集中化决策供应链，即假定授权渠道企业为一个整体，制造商基于整体利润最大化的角度进行决策，分别求出集中化供应链与平行进口贸易商的最优运作策略。再次，本章以集中化供应链的整体绩效为基准，研究分散化供应链的协调问题。最后，本章考虑制造商在一个市场直接销售产品，并在另一个市场通过分销商销售产品的两种情形，研究供应链的最优运作决策及协调问题。

在所构建的决策模型中，制造商首先决策相应的批发价格，随后分销商在给定的批发价格下确定其所在市场的产品价格（或销量），最后平行进口贸易商在观察到两个市场的产品价格差距后进行套利。模型中市场需求的刻画方面，本书借鉴已有文献[44]的研究方法，采用线性需求函数 $p_i = 1 - q_i - \gamma q_j$，其中 i, $j = 1$, t 且 $i \neq j$，对平行进口贸易环境下平行产品流入市场中两类产品需求进行刻画，采用线性需求函数 $p_2 = (1 - q_2)/b$ 对平行产品流出市场中产品的需求进行刻画。这里指出，由于平行进口仅为平行产品流入市场中的消费者提供另外的销售渠道，平行产品途经低价市场流向高价市场，最终被高价市场顾客消费，因此，本书假定平行产品不直接影响产品价格低的市场中的需求函数。

1.3.2　研究内容

本书 1.2 中提出了本书的研究问题，接下来，本小节将基于研究问题和思路，进一步阐述本书的研究内容和具体的结构安排。

本书在已有研究成果的基础上，针对现有研究的不足之处，借助供应链管理、博弈论、最优化理论和数值分析等理论方法，从数学模型和数值分析两个角度研究平行进口贸易环境下供应链的运作决策问题。本书在此基础上分析平行进口对供应链中各成员产生的影响，进一步给出供应链集中化决策情形下的均衡策略。然后本书设计相应契约机制以实现平行进口贸易环境下供应链的协调。最后，本书将通过设定模型参数，使用 Mathematics 软件进行数值算例分析，一方面对理论研究结论进行检验，另一方面对求解模型得出的较为复杂的相关表达式进行分析。本书以此探讨平行进口贸易环境下供应链的运作决策及协调机制，为供应链中各成员提供合理的决策支持。本书在具体研究中总共包含 6 章内容，具体结构安排如下：

第 1 章为绪论。首先，本章介绍了本书的现实背景和理论背景，并基于研究背景阐述本书的研究动机；其次，本章基于本书的研究动机提出了具体的研究问题；再次，本章基于相关的研究问题阐述本书的具体研究思路，并给出研究的具体内容和结构安排；最后，本章基于本书与现有相关研究的不同之处，总结本书的研究创新点。

第 2 章为文献综述。本章主要阐述与平行进口相关的研究文献。与平行进口相关的文献主要分为两个方面：一方面是研究平行进口的文献，另一方面是模型结构与平行进口研究中的模型结构相类似的双渠道的文献。关于平行进口方面的研究，本章主要根据文献中所构建的博弈模型差异进行综述，如零售层面的平行进口、分销商层面的平行进口和渠道间产品转移等。关于双渠道相关的文献方面，本章根据渠道的选择、定价及冲突对该方面典型的文献进行综述。此外，本章将简单介绍对供应链进行协调所涉及的相关契约的文献。

第3章为仅存在独立平行进口贸易商时供应链运营决策及协调机制研究。本章考虑由单个制造商、两个分别处于不同国家市场中的分销商、一个平行进口贸易商构成的三阶段 Stackelberg 博弈模型。首先本章借鉴和拓展现有相关研究，假定制造商在其与分销商的子博弈中处于主导地位，高价市场中的授权分销商在其与平行进口贸易商的子博弈中处于主导地位。其次，本章运用逆向归纳法对此三阶段博弈模型进行求解，分别得到制造商的最优批发价格决策、分销商的最优订货决策以及平行进口贸易商套利的最优运作决策，进一步分析平行进口的出现带来的影响。再次，本章深入研究了平行进口贸易环境下采用收益分享契约实现分散化供应链的协调问题。最后，本章将对所构建的博弈模型进行拓展，考虑制造商在其中一个市场直接销售产品的两种情形，并进行了相应的对比分析。

第4章为仅授权分销商参与平行进口贸易时供应链运营决策及协调机制研究。首先，本章针对现有文献忽略了授权分销商与平行进口贸易商的市场力量差异的研究现状，考虑由单个制造商和两个处于不同国家市场的分销商组成的跨国供应链（其中一个分销商参与平行进口贸易），构建了以授权分销商为领导者和以平行进口贸易商为跟随者的序贯决策模型。其次，本章通过逆向归纳法对博弈模型进行求解，分别得出制造商、授权分销商以及平行进口贸易商的最优运作策略，并与相关研究的结论进行比较。再次，本章研究了通过两部定价合同机制对平行进口贸易环境下供应链节点企业进行协调。最后，本章考虑制造商在平行产品流入国家的市场中直接销售产品的情形，并进行相应的对比分析。

第5章为同时存在两类平行进口贸易商时供应链运营决策及协调机制研究。首先，本章针对现实中存在授权分销商与独立的平行进口贸易商均参与平行进口贸易的现象，构建由制造商、两个分别处于不同国家的分销商及独立的平行进口贸易商组成的三阶段博弈模型。其次，本章通过逆向归纳法对博弈模型进行求解，分别得出制造商、两个分别处于不同国家的分销商以及平行进口贸易商的最优运作策略。再次，本章深入研究了平行进口贸易环境下供应链的协调问题。最后，本章考虑制造商在平行产品流入国家的市场中直接销售产品的情形，并进行相应的对比分析。

第6章为总结与展望。首先，本章对研究内容和相关结论进行总结；其次，本章对本书的研究局限进行说明，对未来的研究方向进行展望。

本书的内容组织结构及研究框架如图1-1所示，图中横向箭头表示研究顺序，纵向箭头表示每部分内容的逻辑推演。

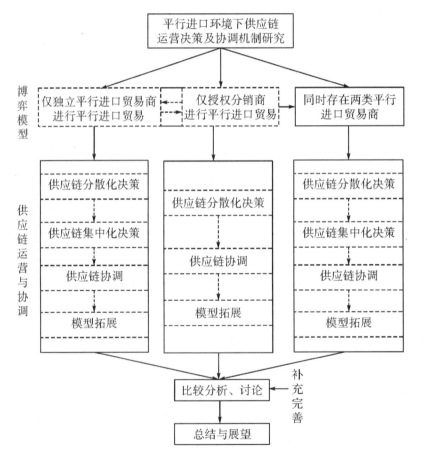

图 1-1　本书的内容组织结构及研究框架图

本书主要研究平行进口贸易中供应链运营决策与协调机制。对于品牌拥有者而言，一方面平行进口可以为其开拓新市场，开发新的潜在顾客；另一方面平行进口会扰乱其原有的分销渠道，造成同品牌产品的内部竞争。因此，在面对平行进口时，企业既面临授权渠道产品的销售决策问题，又面临如何利用或抑制平行进口的问题。而这些问题的核心主要体现在各参与者最优运作决策的制定和利润分配上。基于供应链优化的角度，平行进口贸易环境下分散化供应链的运作效率能否有改善的空间，采用何种策略实现运作效率的提升，这都是本书研究的目的。因此，本书的研究意义主要体现在以下两方面：

1.3.2.1 理论意义

市场环境的变化对供应链的运作影响重大，如平行进口的出现将直接影响原有参与者的运作决策和利润，因此，新市场环境使得传统供应链管理理论需要被进一步拓展和丰富。目前，国内还没有相关文献从分散化供应链的角度研究平行进口，国外学者构建博弈模型对平行进口进行的研究尚处于起步阶段。本书的研究成果有助于拓展关于平行进口贸易环境下供应链的研究。另外，本书在分散化供应链研究的基础上，设计相关契约，实现供应链协调。本书的研究能为后续学者在该领域内进行相关的、更深层次的研究提供相应的学术支撑，也能够为供应链管理领域其他方向的研究提供一定的借鉴。

1.3.2.2 实践意义

平行进口现象在现实经济活动中越发普遍，很多跨国企业在实际运营过程中受平行进口的影响较大。如何实现跨国企业或供应链在平行进口贸易环境下更高效率地运作是供应链管理中的实际问题，同样也是本书研究的核心。本书能为现实中平行进口贸易环境下供应链的运作决策及协调提供一定的方法指导。

1.4 研究创新点

平行进口贸易环境下非授权渠道虽然会冲击品牌商在某个市场中授权渠道

产品的市场份额，但也为品牌商提供了一种新的销售渠道。由于现实中的平行进口现象越发普遍，且对已有授权渠道企业的影响巨大，因此，平行进口现象在企业界和理论界受到广泛关注，同时也使得供应链管理面临新的挑战。针对经济全球化下越发普遍的平行进口现象，本书基于供应链角度对平行进口现象进行了研究，主要的创新点体现在以下三个方面：

（1）构建并求解仅独立平行进口贸易商进行套利投机时的分散化供应链模型。

一方面，关于独立平行进口贸易商进行套利投机的研究均从单一跨国企业的角度出发，而没有从分散化供应链的角度进行研究，即没有考虑节点企业间的策略反应。现实中很难有企业独自完成从产品生产到产品销售所有环节的经济活动，而分散化供应链中各企业都有自身的利益诉求，并且现有研究均没有分析平行进口对分散化供应链的影响。因此，我们有必要从供应链的角度研究平行进口现象。另一方面，关于仅授权分销商参与平行进口套利投机的文献均假定平行产品流入市场中授权分销商与平行进口贸易商是同时决策的。事实上，企业的决策顺序往往依赖于它们各自的市场力量，其中先决策者通常比后决策者的市场力量要强。由于现实中授权分销商往往具有忠实的客户群体，并且从产品流经的过程来看，平行进口贸易商的行为通常滞后于授权分销商。因此，现有相关文献隐含的假设是授权分销商与平行进口贸易商具有相同的市场力量，而不曾考虑它们具有不同市场力量的情形。基于分散化供应链的角度，本书构建平行产品流入市场中以授权分销商为领导者和平行进口贸易商为跟随者的博弈模型，是对现有研究中授权分销商和平行进口贸易商同时决策模型的拓展，是本书第一个创新点。

（2）构建并求解独立平行进口贸易商与授权分销商均参与平行进口贸易的决策模型。

关于平行进口的研究要么仅考虑独立平行进口贸易商进行套利，要么仅考虑其中一个授权分销商进行套利。毕马威会计师事务所的调查报告显示，实际中在独立的机构或个人进行平行进口贸易时，很多授权分销商也暗自进行套利。而现有相关的研究却不曾考虑现实中同时存在这两类投机者的情形。因此，本书的研究弥补了现有研究不曾考虑独立的平行进口贸易商与授权分销商同时参与平行进口贸易情形的空白，这是本书的第二个创新点。

（3）设计相关契约以实现平行进口贸易环境下供应链协调。

平行进口贸易环境下供应链的结构较为复杂，在决策过程中要考虑授权渠道与平行进口渠道间的横向竞争因素，又要考虑上下游企业间的纵向竞争因素，还要考虑平行进口贸易造成的资源浪费和投机者猎取的利润等。然而，目前还没有学者开展平行进口贸易环境下供应链协调相关的研究。鉴于此，本书在以上模型的基础上设计相关契约机制，以实现分散化供应链的协调，填补了平行进口贸易环境下供应链协调研究的空白，这是本书的第三个创新点。

2 文献综述

现有关于平行进口的文献多从法律和运营管理等角度对平行进口进行研究。本书研究平行进口贸易环境下供应链的运作决策及协调机制，因此，本章将主要从供应链管理的角度对已有关于平行进口的研究进行回顾。从模型结构的角度看，由于平行进口时的模型结构与双渠道供应链的模型结构相似，所以，本章还对有关双渠道的典型研究进行了回顾。另外，由于本书借鉴已有关于协调机制的研究，设计了相应的协调机制，对平行进口贸易环境下的分散化供应链进行协调，所以，本章还对与本书相关的契约的典型研究进行了简单的回顾。针对以上三个方面，本章的文献综述的安排如下：2.1节为平行进口与供应链管理，2.2节为渠道定价、渠道冲突以及渠道选择，2.3节为协调契约，2.4节为本章小结。

2.1 平行进口与供应链管理

平行进口是某品牌的正品在流通过程中经过未经商标所有者授权的渠道，最终流向消费者手中的现象。平行进口现象于现实经济中早就存在，早期的相关文献主要集中探讨其法律地位。很多国家倾向于"权利穷竭原则"[46]，因而默许或支持平行进口的存在[47-49]。同类产品的价格差异带来的套利机会是形成平行进口的主要原因，而这种价格落差的原因包括价格歧视[50]、授权渠道的层级[51]、运营成本差异[52]以及汇率差异[53]等。

无论是从供应链获得利润的角度，还是从国家税收的角度，平行进口的出现都会对原有经济主体产生巨大的影响。因此，许多学者对平行进口现象十分关注。以往从经济学角度对平行进口进行的研究，一部分主要关注平行进口如何影响跨国企业的歧视定价机制[54-55]，另一部分主要关注平行进口对政府税收、社会福利以及政府补贴等的影响[56-59]。而关于平行进口对企业运营影响的研究主要关注平行进口对企业提供的产品服务水平有何影响[60-61]、平行进口对企业投资的影响[62-63]。

我们根据产品流经的途径对现有关于平行进口的研究进行分类：①零售层面（the retail level）的平行进口，是某品牌商品被销售到不同市场中后，受到市场间产品价格差异的驱使，平行进口贸易商从低价市场中购买该产品并销售至高价市场；②分销商层面（the wholesale level）的平行进口，是某品牌拥有者通过授权分销商在其所处的市场中销售产品，而该授权分销商将产品转运销售至未被授权销售的市场中；③渠道间产品转移（channel flow diversion），是品牌拥有者对不同的授权分销商实施歧视定价策略，而高批发价格的分销商将从低批发价格分销商处以低于其原来的批发价格采购产品。在此三种类型的平行进口中，前两类均是平行进口产品从一个市场转移至另一个市场中销售，第三类为授权分销商之间的产品转移。接下来，我们将按照以上分类对相关的研究进行综述。由于本书中的模型结构不涉及第三类，所以平行进口相关的文献综述着重从第一类和第二类的角度进行。

2.1.1 零售层面（the retail level）的平行进口相关研究

零售层面的平行进口形成的原因是不同市场间存在产品价格差异，而一些独立的机构或个人通过将低价市场中产品转运至高价市场中销售进行套利。关于这方面的研究，学者们主要从单个企业（集团企业）的角度出发，构建单个跨国企业在不同市场中运营且存在独立的平行进口贸易商进行投机的模型，分析参与者的最优决策问题以及平行进口对该企业利润的影响。艾哈迈迪和扬（Ahmadi & Yang）[64]构建了单个企业在两个国家市场运营，且市场间存在独立的平行进口贸易商的博弈模型，假定消费者对平行进口产品的价值认知程度低于对授权渠道产品的价值认知程度，研究了该跨国企业与平行进口贸易商的最优价格决策问题，进一步分析了平行进口对该企业利润的影响。研究表明，在消费者对两类产品的价值认知存在差异时，平行进口为该企业产品的销售提供了一个新的销售渠道，开拓了部分潜在市场，因此，平行进口有可能增加该企业的利润。另外，随着平行进口贸易商数量的增加，两个市场中授权渠道产品的价格差距将减小。

随后，艾哈迈迪（Ahmadi）等[65]在文献［64］的基础上将需求的不确定性纳入考虑范围，运用动态博弈的理论方法求解各参与者最优的定价和订货联合决策，进一步分析随机需求环境下市场间存在独立的平行进口贸易商进行套利投机对企业跨国运营的影响。结论表明，第一，基于自身利润最大的角度考虑，根据不同的市场条件制造商将采取忽视、抑制或者允许平行进口这几种运营策略，并且在一定条件下制造商的最优运营策略为退出获利较低的市场；第二，平行进口将降低两个市场中授权渠道产品价格的差距；第三，市场需求的不确定性将迫使该企业降低其在市场上的产品定价。

以上两种文献均采用消费者对授权渠道产品价值认知高于其对平行进口产品价值认知的方式对平行进口进行刻画。另外，还有学者采用两类产品等同或差异化的方式刻画平行进口。

奥特里和博瓦（Autrey & Bova）[44]考虑一个跨国公司在其本国的市场与同类公司竞争运营，在国外市场由其全资子公司垄断运营，且存在独立的平行进口贸易商从国外市场购买产品转运至国内进行销售。假定国内市场规模远大于国外市场规模，平行进口不影响国外市场的需求函数。文章中采用授权渠道产品与平行进口产品是不完全替代的方式对平行进口进行刻画。研究结论表明，第一，存在平行进口时该跨国公司对其国外全资子公司的内部转让价格高于边际成本，且内部转让价格随着国内市场竞争程度的加强而降低；第二，当有公平转让价格（arm's length transfer prices）限制时，较之于转让价格无限制情形下，国内的社会福利降低，但是政府的税收增加。随后，奥特里（Autrey）

等[42]考虑两个跨国公司分别在新兴市场和较发达的市场中进行古诺竞争，且市场间存在独立的平行进口贸易商进行平行进口贸易的市场结构。假定两个跨国公司均对新兴市场进行投资以刺激市场需求，并采用授权渠道产品与平行进口产品是完全替代的方式对平行进口进行刻画。奥特里运用博弈论的理论方法分析两个公司生产替代性产品或互补性产品的情形，平行进口贸易环境下各企业的最优生产决策及投资决策，以及平行进口对各企业投资决策的影响。研究结论表明，平行进口将使得两个企业在新兴市场投资的动机加强；当两个企业在新兴市场的投资溢出效应充分大时，平行进口将增加两个企业的利润。

从模型中平行进口产品流向的角度看，奥特里和博瓦假定平行产品从垄断性市场流向竞争性市场。市场竞争一般会降低产品的市场价格，因此，平行进口产品应该由竞争性市场流向垄断性市场。沙瓦迪（Shavandi）等[66]考虑制造商在两个国家的市场中销售产品且其中一个市场上存在竞争者，独立的平行进口贸易商从竞争性市场中购买产品销售至垄断市场的情形。沙瓦迪对市场均衡时各参与者均衡策略及利润进行分析得出的结论为：平行进口将使得竞争性市场中的产品价格提高，平行进口将增加企业竞争对手的利润。沙瓦迪的模型中对平行进口的刻画与艾哈迈迪一致，即消费者对平行进口产品认知的价值程度低于对授权渠道产品的价值认知程度。因此，沙瓦迪的结论（在消费者对两类产品的价值认知存在差异时，平行进口为该企业开拓了部分潜在市场，可能会增加该企业的利润）是对艾哈迈迪的结论的支持和拓展。

由于大部分研究主要从定价机制的角度考察企业如何应对平行进口，伊拉瓦尼（Iravani）[67]等则从非定价机制——服务的角度研究企业应对平行进口的策略。该研究在单个企业跨国运营且存在独立平行进口贸易商进行套利投机的模型中，将制造商的服务因素纳入考虑，研究了存在平行进口时制造商提供差异化服务以降低平行进口对其影响这一情形。研究发现：第一，制造商服务水平的不同导致授权渠道产品与平行产品的差异，从而产生价格歧视；第二，平行进口的存在迫使制造商在两个市场中提供更好的服务；第三，虽然统一定价策略在消除平行进口时更容易被实施，但是利用不同服务水平实现歧视定价并且阻止平行进口更有价值。而松井（Matsui）[68]的研究结论却恰恰相反，认为存在平行进口时，跨国企业不提供信息服务将获得较高的利润。以上两篇文献得出完全相反结论的原因在于，松井考虑了平行进口对于授权渠道提供的信息服务能搭便车。玛克赫吉和赵（Mukherjee & Zhao）[69]考虑跨国企业在劳动力成本有差异的两个市场中生产产品，研究了平行产品流入的市场中存在工会时，平行进口有利于该跨国企业获取更高的利润。事实上，关于平行进口对企业利润的影响方面，部分研究认为平行进口降低企业的利润，部分研究认为平行进口对跨国企业起着正面的影响[70]。

在供应链管理领域中，几乎所有的学者都认为集中化决策优于分散化决策，然而，近年来一部分学者通过研究指出分散化决策要优于集中化决策。奥特里（Autrey）等[71]考虑两个制造商在其所处的国家生产并销售差异性产品，并通过全资子公司将产品销往国外市场，平行进口贸易商将产品运回国内市场销售套利。在所构建的模型中，授权渠道产品与平行进口产品是完全同质的，且价格无差异。研究结论表明，当存在平行进口时，无论其竞争对手是否进入国外市场，无论其竞争对手选择何种组织结构，分散化决策是跨国公司的最优策略。这里指出，该研究在对模型分散化求解的过程中，国外子公司的决策目标是其利润最大化，而制造商的利润函数则包含国外子公司的利润。基姆和帕克（Kim & Park）[72]考虑一个集团企业通过国内和国外两个部门销售产品，并假定国外市场的规模为国外部门的私有信息（其他参与者仅知道市场规模的均值和方差），研究了非对称信息情形下跨国企业的运作策略和组织结构选择问题。研究指出，集中化结构并非是最优的组织结构，当国外市场规模变动的范围较大且消费者对平行产品的价值认知程度较小时，分散化的组织机构优于集中化组织结构。奥特里和基姆、帕克的模型与阿里亚（Arya）等[73]的模型有一定的相似性，并且奥特里和基姆帕克的研究结论是对阿里亚（Arya）等研究结论的支持。以上研究的结论——分散化决策优于集中化决策，与人们的经济直觉相反。事实上，在以往的供应链管理研究中，分散化决策是指供应链节点企业各自独立决策，即各节点企业以自身利润最大化为决策目标，然而奥特里、基姆、阿里亚等的分散化决策与以往供应链节点企业间的分散化决策不同——集团公司的子公司以自身利润最大化为目标，总公司则以整体利润最大化为目标决策（总公司的利润函数则包含国外子公司的利润）。

以上关于零售商层面的平行进口的相关文献均不是从传统分散化供应链的视角进行研究，没有考虑供应链节点企业间的策略性反应。而从传统分散化供应链角度对平行进口现象进行研究的文献都假定其中一个授权分销商直接参与平行进口贸易（被称为分销商层面的平行进口[74]），该授权分销商具有双重身份（在授权销售产品的市场中为授权分销商，在未被授权销售产品的市场中为平行进口贸易商）。接下来将梳理有关分销商层面平行进口的文献。

2.1.2　分销商层面（the wholesale level）的平行进口相关研究

关于分销商层面平行进口的研究中，一部分学者主要关注平行进口对供应链运作决策的影响，另一部分学者主要关注平行进口对供应链投资决策的影响。关于供应链模型结构差异的研究，主要分为两类：第一类是考虑由单个制造商和单个分销商组成的供应链，第二类是考虑由单个制造商和两个分别处于不同市场中的分销商组成的供应链。接下来将从模型结构差异的角度对分销商层面平行进口的相关研究进行回顾。

一方面，部分学者构建了由单个制造商和单个分销商组成的跨国供应链模型。这类模型中，制造商和分销商分别扮演两个角色：制造商生产产品，并在其所处的市场中直接销售；分销商在其所处的市场中销售产品，同时还参与平行进口贸易。陈和马斯库（Chen & Maskus）[75]在以上供应链模型中假定平行进口产品与授权渠道产品是完全替代的，并将平行进口贸易成本纳入考虑，分析了供应链纵向定价效率和抑制平行进口的问题。研究指出，当平行进口贸易成本较高时，阻止平行进口将提高全球的社会福利；当平行进口贸易成本较低时，阻止平行进口将降低全球的社会福利；并且当市场均衡时，平行进口产品可能从市场价格高的市场流向市场价格低的市场。陈和马斯库关于"平行进口产品可能从市场价格高的市场流向市场价格低的市场"的结论，似乎不同了人们的经济直觉。事实上，该研究中，授权分销商直接参与平行进口贸易，平行进口产品的采购价格是批发价格而不是市场价格。张（Zhang）[76]从制造商对消费者返利的角度进行研究，假定制造商仅对平行产品流出市场中的消费者返利。研究表明，不存在平行进口时，制造商将没有动机向消费者返利；存在平行进口时，制造商将利用向消费者返利的手段以抑制平行进口，因此，制造商能够受益而分销商未必受益。雷蒙多（Raimondos-Møller）等[43]考虑制造商和分销商所处的国家存在税率差异，考察了两种税收体系下（原产地政府征税和消费地政府征税）平行进口与税率之间的相互影响。结论表明，存在平行进口时，两种税收体系下两个国家设定的均衡税率差异较小；原产地政府征税体系下两个国家均衡税率差异随着平行产品销量的增加而降低，而消费地政府征税体系下两个国家均衡税率差异随着平行产品销量的增加而加大；与消费地政府征税体系的情形相比，原产地政府征税体系下两个国家的社会福利均较高。现有大部分与平行进口相关的研究都是从完全信息的角度进行的，而马斯库和斯塔勒（Maskus & Stähler）[77]将制造商与分销商间的非对称信息纳入考虑。研究表明，在不完全信息条件下，制造商的利润和平行产品流出市场中的消费者剩余将降低；与制造商了解信息的情形相比，制造商不了解信息将使得平行进口产品的期望销量降低。

一部分学者在单个制造商和单个分销商组成供应链结构的框架下，研究平行进口与制造商研发或投资的关系[78-79]。制造商进行投资可以降低生产成本，增加市场规模，提升产品质量和开发新产品，等等。李和马斯库（Li & Maskus）[80]在马斯库等研究的框架下将制造商的研发投资作为内生变量引入，假定制造商的研发投资能降低生产成本，研究了平行进口对制造商研发投资的影响。研究表明，允许平行进口将减弱制造商研发投资动机；研发成功或失败时制造商获得的利润差异将随平行进口贸易成本的增加先降低再增加，最后保持不变。此结论与奥特里等考虑增加市场规模的投资的研究结论相反。这是因为，奥特里等考虑了不同主体投资时具有溢出效应，并且其投资能够缩小两个市场中产品的价格差距。瓦莱蒂（Valletti）[81]则从投资提高产品质量的角度对平行进口现象进行研究。结论表明，当制造商基于需求导向进行定价时，存在平行进口将使得制造商的投资降低，使得两个市场中消费者剩余和社会福利增加；当制造商基于成本导向进行定价时，存在平行进口将使得制造商的投资增加，使得两个市场中消费者剩余和社会福利降低。李和罗伯斯（Li & Robles）[82]等则在平行进口环境中研究制造商投资开发新产品的问题，分析了平行进口给制造商的研发投资行为带来的影响。结论表明，平行进口对制造商开发新产品的投资起正面影响需满足两个条件：开发的新产品与原产品的替代性要强，两类产品的运营成本差异要充分大。马泰乌奇和雷韦尔贝里（Matteucci & Reverberi）[83]则构建了两个企业在两个国家市场中运营的三阶段模型。第一阶段制造商决策研发投资以确定产品的质量，第二阶段制造商决策在其所处市场中的产品销量和批发价格，第三阶段分销商决策其所处市场中产品的销量和平行产品的销量。研究表明，平行进口将使制造商提高研发投资及产品质量；在给定的产品质量下，与不存在平行进口的情形相比，平行产品来源市场中消费者剩余将降低，平行产品流入市场中消费者剩余将提高；制造商需考虑产品质量的投资决策时，与不存在平行进口的情形相比，平行产品来源市场中消费者剩余将提高，平行产品流入市场中消费者剩余将降低。

　　另外一部分学者构建了由单个制造商和两个分别处于不同国家的分销商组成的跨国供应链模型。这类模型中，制造商仅生产产品，并不参与零售业务；两个分销商分别在所处国家的市场中销售产品，但是其中一个分销商将其产品销售至另一个市场，即进行平行进口贸易。甘斯兰特和马斯库（Ganslandt & Maskus）[31]假定平行进口产品与授权渠道产品是完全同质的，并且平行进口贸易商与平行产品流入市场中的分销商是同时决策的。该研究指出平行进口对制造商利润存在三个不利方面的影响：授权渠道产品与平行进口产品存在同品牌产品的内部竞争效应；平行进口贸易商转运销售平行产品时需要成本，会造成资源的浪费；为了应对平行进口，制造商制定的最优批发价格将发生偏离而造成供应链的低效运营。因此，在供应链的实际运营中制造商需要制定合适的运营策略以平衡这三个方面的影响。陈（Chen）[84]从不同产品特性的角度研究平行进口对制造商利润的影响。结论表明，呼吁阻止平行进口的企业，其产品通常具有需求价格弹性较低、平行产品渗透率较低、需求的交叉价格弹性高等特点。马宗达和巴纳吉（Mazumdar & Banerjee）[85]的研究表明，与实施统一定价策略相比，制造商实施歧视定价策略能缓解消费者购药难的问题，并且当平行产品流入市场的规模相对较大时，平行进口将提高制造商的利润。哈弗和施密特（Haff & Schmitt）[86]考虑一个确定性市场需求和一个不确定性市场需求的情形。研究指出，由于零售商是在观察到市场需求之前订货，平行进口能消化其剩余库存，因此，制造商是平行进口活动的受益者。

以上关于零售商层面和分销商层面平行进口的研究是从模型结构差异的角度进行综述的，然而这两类平行进口相关的研究都具有一个共同点，即平行进口产品从一个国家市场流向另一个国家市场（市场间产品的转移）。事实上，平行进口不仅发生在不同国家市场之间，还可以发生在具有不同力量的授权分销商之间。例如，制造商对不同的授权分销商实施歧视定价，高批发价格的分销商将从低批发价格的分销商处以低于其原来的批发价格购买产品。虽然本书中没有研究此种类型的平行进口，但是基于对平行进口相关文献回顾的完备性考虑，接下来将对渠道间产品转移平行进口相关研究进行回顾。

2.1.3 渠道间产品转移（channel flow diversion）的平行进口相关研究

渠道间产品转移也称授权分销商之间串货。授权分销商之间串货的目的大致有两种：分销商之间结成同盟以获取更低的批发价格；某分销商的库存销售完后，借助其他分销商的库存满足顾客需求。苏（Su）等[87]考虑制造商在某市场中通过两种类型的零售商（两种类型的零售商在购买力、运营成本及服务能力等方面都不对称）销售产品，在制造商采用数量折扣契约时，不同类型零售商根据其订购量享有不同的采购价格。强势零售商为获取更大的折扣，将提高采购量，进一步以低于弱势零售商单独采购时的批发价格转售产品。研究表明，制造商通过构建的收益分享契约与两部定价契约的组合契约能够实现供应链协调并能阻止强势分销商的套利行为；而动态数量折扣契约将不能实现供应链的协调。肖勇波等[88]基于一个离散时间动态规划模型，研究了同一市场上销售同产品的两个分销商之间的动态串货问题。结论表明，分销商的串货决策问题可以等价于传统的两个价格等级的收益管理问题，因此，分销商的最优串货决策服从一个依赖时间的阈值策略，即在每个时间点，存在一个关键库存水平，分销商只有当实际库存高于该库存水平时，才会接受来自另一个分销商的串货请求。

此外，现实中还存在一种情形，授权分销商（投机者）在第一周期存有一定数量的产品，并在第二周期销售套利。我们可将此情形理解为一种特殊授权分销商串货的情形，以多周期区分该分销商的身份。达苏（Dasu）等[89]考虑同市场中单个制造商和单个分销商组成的供应链，分销商在首次销售周期后，将剩余产品以较低的价格在平行进口渠道销售。该研究主要考察存在平行进口时分销商的最优订货策略问题，并分析了平行进口对各参与者的影响，最后为制造商抑制平行进口提出了一些应对策略。胡（Hu）等[90]考虑由同市场中的一个供应商和一个分销商组成的供应链，制造商对分销商实施全部单位数量折扣策略时，分销商为获得较低的折扣而多订货，进而将部分产品以低价在平行进口渠道销售。研究表明，当分销商的库存持有成本较高时，平行进口促使分销商能够批量订货从而提升渠道的运营效率；当分销商的库存持有成本较低时，平行进口能缩短分销商的订购周期，从而提升分销商的运营效率。从模型结构的角度来看，达苏和胡的模型结构与李（Lee）等[91]关于二级市场的模型结构非常相似。首先，这两个研究的模型中销售分为两个周期；其次，都是分销商在第一销售周期后将没有销售完的产品进行降价处理。此外，官振中和李伟[92]将消费者的类型纳入考虑，构建了一个拥有商品固定库存的垄断零售商，在面对策略型消费者延迟购买的行为和投机商套利行为时的价格决策模型。此种类型中产生平行进口的原因为"消费者策略性地选择购买时机及产品价格随时间变化产生的差异"。总结发现，达苏、胡、李、官振中等的共同点在于多周期和产品在分销之间转移，而前面介绍的文献是单周期和产品在不同市场间转移。

从平行产品流入市场的角度看，前两类平行进口实质上是制造商的不同销售渠道之间的冲突与竞争问题，其模型结构与双渠道模型的结构非常相似[67]。因此，接下来我们将从渠道定价、渠道冲突以及渠道选择三个角度对于本书相关的典型双渠道研究进行回顾。

2.2 渠道定价、渠道冲突以及渠道选择

由于双渠道供应链的模型结构与平行进口的模型结构很相似，所以，我们将对双渠道相关的研究进行回顾。当一个企业采用包括传统零售渠道和网上直销渠道在内的多个分销渠道以满足市场消费需求时，即为多渠道供应链管理[93-97]，采用多个分销渠道能为企业带来好处[98]（如便于企业细分市场、更有效应对市场变化等），同时也不可避免地带来渠道间的冲突[99]。结合实际中和现有文献中渠道结构的差异，双渠道被划分为四类典型结构[100-101]：①分散型的双渠道模式，即制造商通过传统的分销商和独立网络渠道的电子分销商销售其产品[102-104]；②部分整合的双渠道分销模式——网络分销渠道整合，即制造商通过传统分销商销售产品的同时，还直接通过网络渠道销售产品[105-108]；③部分整合的双渠道分销模式——传统分销渠道整合，即制造商采用直营店、专卖店等形式销售产品的同时，还通过独立网络渠道的电子分销商销售产品[109]；④水平整合的双渠道分销模式，即分销商同时采用传统分销渠道和网络分销渠道销售制造商的产品[110-111]。从平行产品流入市场的角度看，前三种双渠道的结构与平行进口下制造商的分销渠道结构相类似，二者的关键差异在于，双渠道供应链中两个渠道在同一个市场中直接竞争，而平行进口下两个渠道是通过平行进口贸易商在同一个市场中间接竞争[29,67]。从管理运营的角度研究双渠道供应链首先涉及定价机制问题，但部分学者是通过对双渠道供应链定价机制的分析进一步研究双渠道供应链中的渠道冲突和选择的问题。因此，接下来将从双渠道供应链的渠道定价、渠道冲突以及渠道选择三个方面对相关

典型的文献进行回顾。

2.2.1　双渠道供应链中渠道定价的相关研究

从供应链模型的角度对双渠道进行研究，必然涉及供应链的定价机制问题。宗和金（Chun & Kim）[112]考察了制造商电子直销渠道与传统零售渠道间的价格竞争问题。结论表明，当消费者更倾向于网络直销渠道时，两种销售渠道的产品的价格均会下降，且直销渠道产品价格高于传统零售渠道产品的价格。此外，直销渠道的利润和效率均会增加。陈云等[113]考虑了电子商务实施程度这一重要因素，建立两阶段博弈模型，分别研究了两种情形（电子商务零售商与传统零售商竞争情形、传统零售商同时开通电子直销渠道情形）的双渠道供应链定价策略问题。研究指出，与电子商务零售商和传统零售商相比，双渠道零售商倾向于较高的定价。仓田（Kurata）等[114]假定制造商生产两类产品，一类产品仅通过传统零售渠道销售，另一类产品通过传统零售渠道和电子直销渠道同时销售，研究了传统零售渠道与制造商电子直销渠道之间的价格竞争问题。丹（Dan）等[115]将分销商的服务水平和消费者对传统零售渠道的忠诚度纳入考虑，运用 Stackelberg 博弈的理论方法分析双渠道供应链的服务水平和定价决策问题，并分析了零售渠道服务水平对制造商直销渠道和传统零售渠道定价的影响。卢和刘（Lu & Liu）[116]考虑制造商通过传统零售渠道和独立网络分销渠道同时销售产品，分别运用 Stackelberg 博弈模型和 Nash 博弈模型研究制造商与传统分销商和网络分销商之间的定价决策问题，并分析了消费者对网络分销渠道的接受程度对渠道定价的影响。

可持续发展的理念日益深入人心，"绿色理念"对早期仅以经济效益为中心的运营模式提出了新的问题和挑战。因此，许多学者将废旧产品的回收等因素纳入考虑，研究了闭环双渠道供应链定价及问题[117-120]。这类研究从政府是否干涉[121-125]、供应链的力量结构[126-128]、再制造背景[129-132]、消费者偏好[133-134]等角度研究双渠道闭环供应链的定价及协调问题。以上仅对双渠道供应链中一些代表性文献进行了详细的介绍，更多关于双渠道供应链定价机制的研究可参见综述类文献[135-137]。

2.2.2 双渠道供应链中渠道冲突的相关研究

供应链中各企业都自己的利益诉求，双渠道供应链结构下，制造商虽然是传统分销商的供应商，但制造商的直销渠道势必侵蚀传统零售渠道的市场份额，因此，传统零售渠道与制造商直销渠道产生矛盾和冲突在所难免[138-139]。现实中，由于渠道间的冲突，一些传统零售商（如 Home Depot）声明若供应商开通网络直销渠道，他们将不再销售该供应商的产品[140]。为了更深入地理解渠道间冲突影响的机理，一些学者构建双渠道供应链模型研究直销渠道和传统零售渠道的竞争冲突问题。

安卡拉尼和尚卡尔（Ancarani & Shankar）[141]考虑了产品的运输费用因素，对比单一传统零售渠道、单一网络渠道和双渠道的三种渠道结构下产品价格和参与者利润，发现单一传统渠道结构中产品价格最高，其次是双渠道结构，单一网络分销渠道的产品价格最低。由于渠道间的冲突降低了供应链绩效，因此，他们提出采用服务手段缓解渠道冲突。穆霍帕迪亚（Mukhopadhyay）等[142]在信息完全和信息不完全两种情形下，考虑制造商通过网络直销渠道销售低端产品，并允许传统零售商提供增值服务。结论表明，当传统经销商的增值服务成本高于某个临界值时，他们（传统经销商）不会披露成本信息，从而造成了渠道冲突。陈（Chen）等[143]则考虑传统零售商服务水平与制造商在直销渠道的服务水平有差异的情形，研究渠道间存在冲突时制造商是否应当增加直销渠道的问题。安卡拉尼、穆霍帕迪亚和陈等在对双渠道供应链进行研究时，都将服务因素纳入考虑。赵礼强和徐家旺[144]从消费者效用的角度出发，研究了通过传统零售渠道销售产品的制造商开通网上直销渠道时引起的渠道冲突问题。研究指出网络直销渠道将侵蚀传统零售渠道的市场份额，降低零售商的利润，引起两种渠道的冲突。王瑶等[145]同样认为两类渠道的目标市场重合是渠道间冲突的根本原因，提出令两种渠道销售差异性产品，能够有效缓解渠道间冲突。现有关于渠道冲突的大部分文献均是从单周期的角度进行研究，还有部分学者基于多周期的角度研究双渠道结构的供应链。例如，韦伯和兰贝（Webb & Lambe）[146]假定市场需求对象分为个人消费者和企业两种不同类型，讨论了多周期的多渠道间的冲突问题。研究指出，供应链中存在渠道间冲突的重要原因之一是产品存在多个销售周期。

2.2.3　双渠道供应链中渠道选择的相关研究

该方面的研究主要是在双渠道供应链的背景中讨论制造商增加直销渠道或渠道结构的变化对以往传统供应链中企业带来的影响[147-152]。一部分学者基于传统一对一供应链，研究制造商增加电子直销渠道对各参与企业的影响。例如，蒋（Chiang）等[153]基于消费者对两种渠道销售的产品具有不同的支付意愿进行市场细分，分析了消费者对制造商直销渠道产品的接受程度对供应链节点企业的影响。研究发现，当消费者对制造商直销渠道产品的接受程度较高时，即使制造商直销渠道的效率非常低，制造商依然会增加直销渠道以增强对传统分销商的控制，从而获取更高的利润。这里指出，该研究中对两种渠道市场细分的刻画方式与艾哈迈迪（Ahmadi）等[64]对平行产品流入市场中两类产品市场细分的刻画方式相同。尧和刘（Yao & Liu）[154]分别通过 Bertrand 和 Stackelberg 两种博弈模型研究增加直销渠道的制造商与传统分销商之间的竞争问题。比较制造商和传统分销商获得的相应利润可知，制造商可以通过设定合适的批发价格以消除分销商对直销渠道的抵抗行为。阿里亚（Arya）等[155]基于传统分销商的角度，研究制造商增加电子直销渠道对传统分销商的影响。结论表明，制造商在增加电子直销渠道时为了缓解与传统分销渠道之间的冲突，将会制定较低的批发价格，从而使得传统分销商有可能从制造商增加直销渠道的行为中获益。

一些学者将制造商采取不同渠道结构的情形进行对比，研究不同渠道结构的差异以及制造商对渠道结构的选择问题。例如，蔡（Cai）[156]将单一传统分销渠道、单一制造商直销渠道、传统分销渠道与制造商直销渠道混合双渠道、两个传统分销渠道四种渠道结构进行比较，分析了渠道结构对各参与者的影响。研究表明，设计合约可以使得制造商和传统分销商均从新增加的销渠道中获益，实现参与者绩效的帕累托改进。亨德肖特和张（Hendershott & Zhang）[157]将退货成本纳入考虑，并对比了单一传统渠道、单一电子直销渠道以及混合双渠道下供应链节点企业的利润。研究表明，若制造商为满足高端消费者需求而增加直销渠道，制造商的利润和社会福利都会增加。

一些学者在双渠道供应链结构下研究制造商是否与分销商进行合作。例如，肖剑等[158]考虑制造商采用电子直销渠道，且将电子直销渠道的订单交由零售商完成的合作情形，并与已有文献中的电子渠道独立于零售商的情形进行比较。结果表明，当满足一定条件时，合作能实现制造商和零售商的双赢，还可以带来服务质量的提升。肖剑等[159]分别通过 Bertrand 和 Stackelberg 两种博弈模型研究双渠道供应链中制造商将电子渠道的服务交由零售商完成的服务合作问题。研究结果表明，与 Bertrand 竞争模型相比，Stackelberg 博弈模型中市场价格较低，并且参与者均能从主导优势中获利；当电子渠道所需服务增加时，零售商的利润会先增加后减少。以上研究大都假定制造商先决策，这就隐含地表明制造商具有较强的市场力量[38]。因此，部分学者从制造商和分销商的不同市场力量的角度进行拓展。例如，张（Zhang）等[160]将双渠道供应链中制造商和分销商的不同市场力量的情形纳入考虑，并假定两种渠道销售的是替代性产品。研究表明，供应链节点企业均倾向于以自己为领导者的 Stackelberg 博弈方式，且不存在使得所有参与者均受益的、占优的渠道权力结构。赵金实和段永瑞[161]在双渠道供应链中分别考虑制造商占主导地位和零售商占主导地位的两种情形，讨论了不同市场力量对制造商和分销商利润的影响情况。结果表明，占主导地位的一方将获取更高的利润，并且制造商占主导时供应链整体利润较高。

一些学者基于决策者风险偏好的角度，对双渠道供应链展开研究。例如，李书娟等[123]在王玉燕[123]的研究的基础上将制造商和分销商的风险规避态度纳入考虑，研究了风险规避态度对供应链成员利润及运营模式选择的影响。结果表明，产品的市场价格与供应链成员是否合作无关，但受到供应链成员的风险规避态度的影响。王虹和周晶[163]考虑的也是风险规避性型的制造商和分销商，并假定两个渠道销售的是替代性产品，分析了市场竞争程度对风险规避的参与者决策的影响。研究表明，一定程度的市场竞争将减弱参与者受其风险态度的影响力度，提高产品的价格，增加供应链成员的利润。

接下来将介绍几种典型的与本书相关的供应链协调契约。

2.3 协调契约

供应链中节点企业均为独立的经济实体，以自身利益最大化为目标进行决策，往往会造成如"双重边际效应"[164-165]和"过度竞争"[166]等现象，从而降低供应链整体绩效。鄢章华[167]认为供应链需要协调的原因为供应链的高度不确定性、有限性、高度相互依赖性、分布性、信息缺乏等，常用的协调手段主要包括契约（合同）和信息共享等。我们在设计契约时应遵循以下原则：个体理性约束、激励相容约束、分散化决策、帕累托改进原则、系统整体利益更优等[168]。供应链协调契约内容和形式可分为订货量和定价两大类，共分为八个小类，即规范决策权、定价权、柔性采购、最少购买量、配额规则、回购、产品质量协议以及订货提前期[169]。在现实运作过程中，根据不同的环境，常见契约包括批发价格契约、收益分享契约、回购契约、数量弹性契约、两部定价契约、延迟补偿契约、预购契约以及风险分担契约等[170]。现有文献中，部分文献研究单一契约的使用[171-175]，还有一部分研究多种契约的组合使用[176-180]。在已有研究中，相关契约均是以批发价格契约为基础，进一步引入其他策略，设计成实现分散化供应链协调的契约。批发价格契约，又称批发价格合同，是交易活动中最为简单的契约形式，在实践中被普遍运用。其特点为市场风险全部由销售商承担，且具有实施成本低和执行难度低等优点，但是该契约通常不能同时实现参与者绩效帕累托改进与供应链协调[181-184]。下面将对本书涉及的相关契约进行简单的介绍。

收益共享契约，也称收益分享合同，是指供应商对于分销商给出低于其成本的批发价格，并且为了弥补供应商的损失，分销商将自己销售收入按照约定的比例返还给供应商，最终达到供应链最优绩效且各方实现绩效的帕累托改进。卡松和拉里维雷（Cachon & Larivere）[185]证明了很多情形下收益共享企业比其他形式的企业效果更好。该契约首先在录像租赁行业得到应用[186]，随后被推广至其他行业。根据学者们采用收益共享契约进行协调的供应链结构的角度，一些学者采用收益共享契约协调"一对一"结构供应链[187]，一些学者利用收益共享契约协调"一对二"对称结构的供应链[188]，还有学者通过收益共享契约对双渠道供应链[189-190]以及"一对多"结构[191]供应链进行协调。

两部定价契约，是指制造商首先向下游分销商收取一定数额的特许费用，而后针对分销商制定较低的批发价格[192-193]。倪得兵等[194]在消费者长期理性的假设条件下，考察了两部定价合同机制中固定费用的决策机制，并分析了长期理性的厂商的最优运营决策问题。赵海霞等[195]在链与链竞争的环境下研究了规模不经济的制造商对两部定价合同的选择情况。随后，赵海霞又在竞争供应链的环境下将零售商风险偏好纳入考虑，研究采用两部定价合同实现制造商和零售商绩效的帕累托改进[196]。

事实上，在比较复杂的环境下，学者们通常采用两种以上的策略设计组合契约对供应链进行协调。例如，福（Fu）等[197]在推拉混合的组装供应链环境中采用批发价格策略、回购策略以及补贴策略构成的组合契约对多个供应商和单个组装商进行协调。苏（Su）等[87]通过以批发价格策略、数量折扣策略、收益共享策略以及两部定价策略构成的组合契约来阻止不同市场力量分销商间的串货行为。但斌等[198]和陈树桢等[199]使用批发价格策略、补偿策略以及两部定价合同构成的组合契约消除双渠道间的冲突，进而实现双渠道供应链的协调。徐（Xu）等[200]采用两部定价策略与收益共享策略进行组合，设计了一个两部制收益共享合同，实现风险厌恶的双渠道供应链的协调。

2.4　本章小结

已有很多学者针对平行进口现象进行研究，目前研究视角主要包括定价、服务、投资研发、税收以及社会福利等。现有研究成果很丰富，但是通过分析发现，关于平行进口现象研究的文献仍存在一些不足。

首先，已有的假设独立平行进口贸易商进行投机的文献均从授权渠道一体化的角度进行，没有考虑节点企业间的策略反应。现实中，很难有企业独自完成从产品生产到产品销售所有环节的经济活动，并且著名供应链专家马丁曾说"市场上只有供应链而没有企业"，因此，我们从授权渠道分散化决策的角度进行研究是非常有必要的。

其次，已有的关于授权分销商即是平行进口贸易商的文献大都假定平行产品流入市场时授权分销商与平行进口贸易商是同时决策的。事实上，企业的决策顺序往往依赖于它们各自的市场力量，其中先决策者比后决策者的市场力量要强。因此，现有相关文献隐含的假设是授权分销商与平行进口贸易商具有相同的市场力量，而不曾考虑它们具有不同市场力量的情形。又由于现实中授权分销商往往具有忠实的客户群体和更强的市场力量。因此，构建以授权分销商为领导者和平行进口贸易商为跟随者的子博弈模型来研究平行进口现象很有必要。

再次，已有的关于平行进口研究的文献要么仅考虑独立平行进口贸易商进行套利，要么仅考虑某授权分销商进行套利，而不曾考虑现实中同时存在这两类平行进口贸易商的情形。毕马威会计师事务所的调查报告显示，除了市场间独立的平行进口贸易商进行平行进口贸易外，很多授权分销商也参与其中。因此，考虑独立的平行进口贸易商与授权分销商同时参与平行进口贸易的情形具有很强的实际背景。

最后，平行进口贸易环境下供应链的结构较为复杂，在分散化供应链中我们要考虑授权渠道与平行进口渠道间的横向竞争因素，也要考虑上下游企业间的纵向竞争因素，还要考虑平行进口贸易造成的资源浪费和投机者猎取的利润等。因此，我们对平行进口贸易环境下分散化供应链进行协调具有很强的实践意义。

因此，本书将针对现有研究的不足，主要从以下三个方面展开研究：首先从授权渠道完全分散化的角度研究仅独立的平行进口贸易商参与平行进口贸易时供应链运作决策及协调问题，该部分内容与本书的第3章相对应。其次研究仅授权分销商参与平行进口贸易时，考虑平行产品流入市场中授权分销商与平行进口贸易商序贯决策情形下的供应链运作决策，采用两部定价合同对供应链节点企业进行协调，本部分内容与本书的第4章相对应。最后针对现实中同时存在授权分销商和独立的平行进口贸易商参与套利的情形，研究同时存在两类平行进口贸易时供应链的运作决策及协调，本部分内容与本书的第5章相对应。在每部分的研究中，本书设计了相关契约，对供应链进行协调，以提升供应链整体绩效，并给出了相关契约中保证供应链节点企业实现帕累托改进的条件。

3 仅存在独立平行进口贸易商时供应链运营决策及协调机制研究

　　现实中，消费者接触较多的平行进口现象有海淘、代购等。例如，同一款香奈儿手袋的国内售价要高出法国售价的 40% 左右，一些"个人代购"或"海淘商"在国外购买产品转运回国内销售进行套利。由于品牌商对其授权分销商的监管力度较大，授权分销商通常不参与平行进口贸易。因此，本章将研究一种较为简单的平行进口情形，即仅独立平行进口贸易商进行平行进口贸易的情形。这里指出，本章没有将独立的平行进口贸易商作为供应链节点企业考虑，原因为：①本书以原有供应链（授权渠道企业）为研究对象，分析平行进口带来的影响，这与很多研究的思路相同；②现实中，工商部门没有针对独立平行进口贸易商设立经营许可证，工会、商会也没有将独立的平行进口贸易商纳入考虑范围。

　　接下来，本章首先在理性预期假设下，讨论制造商、分销商以及独立平行进口贸易商的运作决策；其次以供应链集中化决策为基准，通过引入受益分享契约实现平行进口贸易环境下供应链的协调；然后基于模型完备性的考虑，将授权渠道完全分散化的模型拓展为"制造商在其中一个市场中直接销售产品，在另一个市场中通过分销商销售产品"的情形，研究该情形中供应链的最优运作决策及协调问题；最后比较以上几种情形中供应链运营决策及协调之间的差异。

　　本章的结构安排为：3.1 节为模型描述；3.2 节为分散化决策（D-F 模

型）；3.3 节为集中化决策；3.4 节为供应链协调，即对 D-F 模型进行协调；3.5 节为 N-F 模型，即制造商在市场 1 中通过分销商销售产品，在市场 2 中直接销售产品的情形；3.6 节为 N-D 模型，即制造商在市场 1 中直接销售产品，在市场 2 中通过分销商销售产品的情形；3.7 节为数值分析，并给出相关管理意义；3.8 节为本章小结。

3.1　模型描述

本章考虑制造商 M 作为上游企业生产一种产品，并授权两个分销商分别在弹性不同国家的市场（记为"市场 1"和"市场 2"）中销售产品。两个分销商（记为"D"和"F"）作为下游企业向制造商 M 订购产品，并销售产品以获取利润。假设两个市场完全分割时的线性需求函数①分别为 $Q_1 = 1 - p_1$、$Q_2 = 1 - bp_2$，其中市场规模标准化为 1，b 为市场 2 的弹性系数（$b > 1$），Q_i 为市场 i 中产品的需求量。由于在下文中考虑授权渠道产品与平行产品进行数量竞争，因此，本章将如上需求函数转换为逆需求函数：$p_1 = 1 - Q_1$ 和 $p_2 = (1 - Q_2)/b^{[68]}$。

不同市场间存在差异给平行进口贸易商带来套利机会，假定存在独立平行进口贸易商从市场 2 中购买产品并运往市场 1 中销售进行套利，市场 1 中授权渠道产品与平行产品是进行数量竞争，存在平行进口时供应链结构图如图 3-1 所示。当市场 1 中授权渠道产品与平行产品共存时，本章借鉴奥特里[44]的研究，平行进口情形下市场 1 中两类产品的需求函数刻画如下：

$$p_i = 1 - q_i - \gamma q_j$$
$$i, j = 1, t \quad 且 i \neq j$$

---

① 本章采用形式为 $q_i = a_i - b_i p_i$ 的线性函数刻画市场需求，为体现不同市场的差异性，并为了方便后文进行比较，假设市场规模标准化为 1，市场 1 的弹性系数为 1，则市场 2 的弹性系数可以体现两个市场的相对关系。

其中，p_i 为相应的产品价格；q_i 为相应的产品销量；γ 为替代系数，可表征两类产品的差异程度①（包括消费者对产品价值的认知情况、售后服务和外观等）；下标 i 为市场 1 中与授权渠道产品相对应的指标；下标 t 为与平行产品相对应的指标。

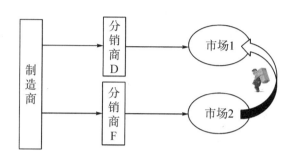

图 3-1　存在平行进口时供应链结构图

事实上，平行进口贸易商仅为市场 1 中的消费者提供另外的供应渠道，平行产品途经市场 2 流向市场 1，最终在市场 1 中被消费，从而影响市场 1 的需求函数，但不影响市场 2 的需求函数[44]。因此，市场 2 中产品逆需求函数为 $p_2 = (1 - q_2)/b$，其中 q_2 表示市场 2 中消费者的实际需求。

假设制造商、分销商以及平行进口贸易商都是追求自身利益最大化的理性决策者，并且事件按下面的顺序发生。

首先，制造商基于自身利润最大化需求，分别对分销商 D 和分销商 F 制定批发价格策略。

其次，分销商 D 和分销商 F 根据制造商的批发价格和预期的市场状态，并基于自身利润最大化需求决策其产品销量。

最后，平行进口贸易商在观察到两个市场中产品的价格差异之后，确定其转运并销售平行产品的数量。

为了便于分析，本章还假定：①市场信息是完全的，分销商的订货量刚好满足需求；②生产、运输和库存成本忽略不计[42,71]。

---

① 一般来说，对于消费者而言，灰市产品与授权渠道产品未必是等同的，如销往不同国家的同款汽车的配置有差异。

本章用到的符号说明如下：

符号 I 、II 、III 分别表示 D-F 模型、N-F 模型和 N-D 模型中相应的指标变量；

上标 c 表示供应链集中化决策下相应的指标变量；

上标 n 表示不存在平行进口时相应的指标变量；

π_i 表示参与者 i 的利润，$i = M, D, F$；

符号 $\Pi(i)$ 表示供应链的整体利润，$\Pi(i) = \pi_M(i) + \pi_D(i) + \pi_F(i)$，$i = $ I , II , III；

符号 w_i 表示制造商对分销商 D 或 F 制定的批发价格，$i = 1, 2$；

符号 φ 、ψ 、φ 分别表示本章的 D-F 模型、N-F 模型和 N-D 模型中的收益分享合同的收益分享系数。

3.2 分散化决策（D-F 模型）

现实中，供应链中各参与企业通常为不同的经济实体，各自都有其利益诉求，因此，它们往往以自身利润最大化作为决策目标，即供应链分散化决策。本节中，制造商、分销商及独立的平行进口贸易商基于各自利益最大化的决策构成了一个三阶段的 Stackelberg 博弈模型。根据事件的发生顺序，博弈模型的三个阶段如下：第一，制造商以自身利益最大化为目标分别对分销商 D 和分销商 F 制定批发价格 w_1 和 w_2；第二，分销商 D 和分销商 F 在制造商给定的批发价格下和基于平行进口贸易商的反应策略，分别以自身利益最大化为目标决策各自市场中的产品销量 q_1 和 q_2；第三，平行进口贸易商基于制造商和分销商的决策确定其平行产品的销量 q_i。这是一个典型的完全信息动态博弈模型，故可用逆向归纳法求解。

3.2.1 平行进口贸易商的采购决策

在第三阶段的博弈中，平行进口贸易商基于制造商和分销商的决策选择自

身利润最大化的平行产品销量 q_t，从而其决策目标可描述为

$$\max_{q_t} \pi_t = (p_t - p_2)q_t = \left[(1 - q_t - \gamma q_1) - \frac{1 - q_2}{b} \right] q_t \qquad (3-1)$$

根据（3-1）式，对 π_t 求平行产品销量 q_t 的一阶导数为

$$\frac{\partial \pi_t}{\partial q_t} = 1 - \gamma q_1 - 2q_t - \frac{1 - q_2}{b} \qquad (3-2)$$

从（3-2）式中可以明显看出 $\frac{\partial^2 \pi_t}{\partial q_t^2} < 0$，表明利润函数 π_t 是平行产品销量 q_t 的凹函数。因此，对于分销商给定的运作策略 q_1 和 q_2，平行进口贸易商的最优的平行产品销量 q_t 满足一阶条件等式 $\frac{\partial \pi_t}{\partial q_t} = 0$，由此可求出平行进口贸易商的最优反应策略为

$$q_t = \frac{b(1 - \gamma q_1) - (1 - q_2)}{2b} \qquad (3-3)$$

（3-3）式给出了平行进口贸易商的最优反应策略，即关于分销商 D 和分销商 F 的最优产品销量 q_1 和 q_2 的反应函数。我们根据（3-3）式分别对 q_1 和 q_2 求一阶偏导数，可得

$$\begin{cases} \dfrac{\partial q_t}{\partial q_1} = \dfrac{-\gamma b}{2b} < 0 \\[3mm] \dfrac{\partial q_t}{\partial q_2} = \dfrac{1}{2b} > 0 \\[3mm] \dfrac{\partial q_t}{\partial \gamma} = \dfrac{-bq_1}{2b} < 0 \end{cases} \qquad (3-4)$$

（3-4）式给出了分销商 D 和分销商 F 的决策对平行进口贸易商的套利行为的影响。首先，由该式第一部分 $\frac{\partial q_t}{\partial q_1} < 0$ 可知，随着分销商 D 在市场 1 中的产品销量 q_1 的增加，平行进口贸易商转售平行产品的销量将降低。这一点不难理解，因为当分销商 D 向市场 1 投放产品的数量越大，流入市场 1 的平行产品面临的授权渠道产品的竞争程度将越激烈，平行产品的销量也将越小。从市

场中产品价格的角度看，当分销商 D 向市场 1 投放产品的数量越多，市场 1 中授权渠道产品的价格就越低，流入市场 1 中的平行产品对于消费者也越没有吸引力。因此，随着分销商 D 在市场 1 中产品数量 q_1 的增加，平行进口贸易商转售平行产品的销量降低。其次，由该式第二部分 $\frac{\partial q_t}{\partial q_2} > 0$ 可知，随着分销商 F 在市场 2 中产品的销量 q_2 的增加，平行进口贸易商转售平行产品的数量将增加。这是很符合经济直觉的，因为分销商 F 向市场 2 中投放的产品越多，市场 2 中授权渠道产品的价格也就越低，进一步平行进口贸易商购买平行产品的成本也就越低，从而平行产品在市场 1 中也更有竞争力；反过来，分销商 F 向市场投入一定量产品时，若平行进口贸易商从市场 2 中购买产品的数量增加，将会使得可供市场 2 中消费者购买的产品的数量降低。因此，平行产品的销量 q_t 与分销商 F 在市场 2 中的产品销量 q_2 呈负向影响关系。最后，由该式第三部分 $\frac{\partial q_t}{\partial \gamma} < 0$ 可知，平行产品的销量 q_t 随着替代系数的增大而减小。事实上，替代系数 γ 可表征两类产品的差异程度。γ 越大，表明市场 1 中授权渠道产品与平行产品竞争程度越强；γ 越小，表明市场 1 中平行产品与授权渠道产品的竞争程度越小。因此，随着 γ 的增加，平行产品销量将降低；随着 γ 减小，平行产品销量将增加。

3.2.2 分销商的订货决策

在第二阶段的博弈中，分销商 D 和分销商 F 分别在制造商给定的批发价格 w_1 和 w_2 情况下，并基于平行进口贸易商的最优反应策略（3-3）式，分别决策自身利润最大化的产品销量 q_1 和 q_2，从而其决策目标可描述为

$$\begin{cases} \max\limits_{q_1} \pi_D = (p_1 - w_1)q_1 = q_1(1 - q_1 - \gamma q_t - w_1) \\ \max\limits_{q_2} \pi_F = (p_2 - w_2)(q_2 + q_t) = (q_2 + q_t)\left(\frac{1 - q_2}{b} - w_2\right) \end{cases} \quad (3-5)$$

我们将平行进口贸易商的最优反应策略（3-3）式代入（3-5）式，并对

π_D 求出市场 1 中授权渠道销量 q_1 的一阶导数和对 π_F 求出市场 2 中产品销量 q_2 的一阶导数，分别为

$$\begin{cases} \dfrac{\partial \pi_D}{\partial q_1} = \dfrac{2b - \gamma(b-1) - 2b(2-\gamma^2)q_1 - \gamma q_2 - 2bw_1}{2b} \\ \dfrac{\partial \pi_F}{\partial q_2} = \dfrac{2 + b + \gamma bq_1 - (1+2b)(2q_2 + bw_2)}{2b^2} \end{cases} \quad (3-6)$$

从（3-6）式前半部分可以明显看出，$\dfrac{\partial^2 \pi_D}{\partial q_1^2} < 0$，即分销商 D 的利润函数 π_D 是市场 1 中授权渠道产品销量 q_1 的凹函数；从（3-6）式的后部分可以明显看出，$\dfrac{\partial^2 \pi_F}{\partial q_2^2} < 0$，表明利润函数 π_F 是分销商 F 在市场 2 中产品销量 q_2 的凹函数。因此，在制造商给定的批发价格 w_1 和 w_2 情况下，并基于平行进口贸易商的最优反应策略，分销商 D 和分销商 F 的最优决策 q_1 和 q_2 满足一阶条件等式 $\dfrac{\partial \pi_D}{\partial q_1} = 0$ 和 $\dfrac{\partial \pi_F}{\partial q_2} = 0$，由此可求出平行进口情况下市场 1 和市场 2 中授权渠道产品的销量为

$$\begin{cases} q_1 = \dfrac{4 + 8b + \gamma - 4b\gamma - 4(1+2b)w_1 + (1+2b)\gamma w_2}{8 - 3\gamma^2 + 8b(2-\gamma^2)} \\ q_2 = \dfrac{4(2+b) + 2b\gamma - 3(1+b)\gamma^2 - 2b\gamma w_1 - 2b(1+2b)(2-\gamma^2)w_2}{8 - 3\gamma^2 + 8b(2-\gamma^2)} \end{cases}$$

$$(3-7)$$

（3-7）式给出了分销商 D 和分销商 F 的最优决策函数 $q_1(w_1, w_2)$ 和 $q_2(w_1, w_2)$。我们进一步对 q_1 和 q_2 分别求批发价格 w_1 和 w_2 一阶偏导数可得

$$\begin{cases} \dfrac{\partial q_1}{\partial w_1} = \dfrac{-4(1+2b)}{8-3\gamma^2+8b(2-\gamma^2)} < 0 \\[4mm] \dfrac{\partial q_1}{\partial w_2} = \dfrac{(1+2b)}{8-3\gamma^2+8b(2-\gamma^2)} > 0 \\[4mm] \dfrac{\partial q_2}{\partial w_1} = \dfrac{-2b\gamma}{8-3\gamma^2+8b(2-\gamma^2)} < 0 \\[4mm] \dfrac{\partial q_2}{\partial w_2} = \dfrac{-2b(1+2b)(2-\gamma^2)}{8-3\gamma^2+8b(2-\gamma^2)} < 0 \end{cases} \tag{3-8}$$

（3-8）式给出了制造商分别针对分销商 D 和分销商 F 制定的批发价格对两个市场中授权渠道产品销量的影响。由该式的第一部分和第四部分可知，两个分销商在其所处市场中的授权渠道产品销量随着制造商对其制定的价格的升高而降低。这一影响是很直观的，因为制造商对于分销商提升产品的批发价格将加剧供应链中纵向双重边际效应。

当不存在平行进口时，制造商分别对两个分销商制定的批发价格对另一个市场中分销商的决策是没有影响的。事实上，由于平行进口贸易商的套利行为能将两个市场相互联系起来，所以，各分销商的批发价格也就能通过平行进口而对另外一个市场产生影响。具体的影响有两个方面，首先，随着制造商对分销商 F 的批发价格 w_2 的增加，分销商 F 的采购成本就会提高，进一步平行进口产品的成本也相应提高，平行进口产品的市场竞争力也就减弱，市场 1 中授权渠道产品的市场竞争力就相对增强。所以，制造商针对分销商 F 制定的批发价格与分销商 D 在市场 1 中授权渠道产品销量呈正向变动关系。其次，随着制造商针对分销商 D 制定的批发价格 w_2 的增加，分销商 D 的采购成本将提高，其产品在市场 1 中的相对竞争力减弱，将会造成市场 1 中平行产品的销量增加。平行产品的销量增加时，将导致可供市场 2 中消费者购买的产品数量下降。综上所述，制造商针对分销商 D 制定的批发价格 w_1 与两个市场中授权渠道产品销量（q_1 和 q_2）均呈负向关系；制造商针对分销商 F 制定的批发价格与市场 1 中授权渠道产品销量 q_1 呈正向关系，与市场 2 中产品销量 q_2 呈负向关系。

3.2.3　制造商的批发价格决策

在第一阶段的博弈中，制造商将根据两个分销商和平行进口贸易商的最优反应策略（3-3）式和（3-7）式，并以自身利润最大化为目标决策批发价格，从而其决策目标可描述为

$$\max_{w_1,\ w_2} \pi_M = w_1 q_1 + w_2(q_2 + q_t) \tag{3-9}$$

我们将平行进口贸易商的最优反应策略（3-3）式代入（3-9）式，然后将分销商 D 和分销商 F 的订货量反应函数（3-7）式代入，并对制造商利润函数 π_M 分别求批发价格 w_1 和 w_2 一阶导数为

$$
\begin{cases}
\dfrac{\partial \pi_M}{\partial w_1} = \dfrac{8b + 4 + \gamma - 4b\gamma - 8(1 + 2b)w_1 + 2\gamma(1 + 2b)w_2}{8 - 3\gamma^2 + 8b(2 - \gamma^2)} \\[4mm]
\dfrac{\partial \pi_M}{\partial w_2} = \dfrac{(1 + 2b)\left[12 - \gamma(2 + 5\gamma) + 4\gamma w_1 - 2(4 - \gamma^2 + 8b - 4b\gamma^2)w_2\right]}{2\left[8 - 3\gamma^2 + 8b(2 - \gamma^2)\right]}
\end{cases}
$$

$$\tag{3-10}$$

从（3-10）式中前半部分可以明显看出，$\dfrac{\partial^2 \pi_M}{\partial w_1^2} < 0$，即制造商的利润函数 π_M 是批发价格 w_1 的凹函数；从（3-10）式后半部分可以明显看出，$\dfrac{\partial^2 \pi_M}{\partial w_2^2} < 0$，表明利润函数 π_M 是批发价格 w_2 的凹函数。因此，存在某一批发价格 w_1 和 w_2 满足一阶条件等式 $\dfrac{\partial \pi_M}{\partial w_1} = 0$ 和 $\dfrac{\partial \pi_M}{\partial w_2} = 0$，联立这两个一阶条件等式可求得平行进口下制造商分别对分销商 D 和分销商 F 制定的批发价格为

$$
\begin{cases}
w_1^{\mathrm{I}} = \dfrac{1 + 2b - \gamma(b - 1)}{2 + 4b} \\[4mm]
w_2^{\mathrm{I}} = \dfrac{3}{2 + 4b}
\end{cases}
\tag{3-11}
$$

（3-11）式给出了平行进口贸易环境下，制造商分别对分销商 D 和分销商 F 制定的批发价格。我们将该式中的批发价格与不存在平行进口时的批发价格

进行比较，可以发现，存在平行进口时制造商对分销商 D 制定的批发价格较低，对分销商 F 制定的批发价格较高（不存在平行进口时，两个市场中均为一对一的供应链垄断销售产品，不难验证 $w_1^n = \frac{1}{2}$、$w_2^n = \frac{1}{2b}$、$p_1^n = \frac{3}{4}$、$p_2^n = \frac{3}{4b}$、$\pi_M^n = \frac{1}{8b} + \frac{1}{8}$、$\pi_D^n = \frac{1}{16}$、$\pi_F^n = \frac{1}{16b}$）。

我们综合分析制造商、分销商及平行进口贸易商之间的三阶段 Stackelberg 博弈的过程，并将（3-11）式代入（3-7）式和（3-3）式，可得定理 3-1。

定理 3-1 平行进口贸易环境下，制造商采用批发价格合同时，分销商 D、分销商 F 以及平行进口贸易商的均衡策略为

$$
\begin{cases}
q_1^I = \dfrac{4 + 4b(2 - \gamma) + \gamma}{16 - 6\gamma^2 + 16b(2 - \gamma^2)} \\[3mm]
q_2^I = \dfrac{8 - 3\gamma^2 - b^2(4 - 2\gamma - \gamma^2) + b(14 + \gamma - 7\gamma^2)}{(1 + 2b)[8 - 3\gamma^2 + 8b(2 - \gamma^2)]} \\[3mm]
q_t^I = \dfrac{8b^2(2 + \gamma)(4 - 3\gamma) - 4b(2 - \gamma)(1 + 2\gamma) + \gamma(7\gamma - 2) - 20}{4(1 + 2b)[8 - 3\gamma^2 + 8b(2 - \gamma^2)]}
\end{cases}
$$

$$(3-12)$$

定理 3-1 给出分销商 D、分销商 F 以及平行进口贸易商在制造商给定批发价格情况下的均衡策略。我们将（3-11）式、（3-12）式代入各参与者的利润函数，可得出

$$
\begin{cases}
\pi_M^I = \dfrac{8b^2(2 - \gamma)^2 + (2 - \gamma)(22 + 13\gamma) + 8b(13 - \gamma - 5\gamma^2)}{8(1 + 2b)[8 - 3\gamma^2 + 8b(2 - \gamma^2)]} \\[3mm]
\pi_D^I = \dfrac{(2 - \gamma^2)[4 + \gamma + 4b(2 - \gamma)]^2}{8[8 - 3\gamma^2 + 8b(2 - \gamma^2)]^2} \\[3mm]
\pi_F^I = \dfrac{(1 + 2b)[12 - \gamma(5\gamma + 2)]^2}{8[8 - 3\gamma^2 + 8b(2 - \gamma^2)]^2} \\[3mm]
\pi_t^I = \dfrac{[20 + \gamma(2 - 7\gamma) + 4b(2 - \gamma)(1 + 2\gamma) - 8b^2(2 + \gamma)(4 - 3\gamma)]^2}{16(1 + 2b)^2[8 - 3\gamma^2 - 8b(2 - \gamma^2)]^2}
\end{cases}
$$

$$(3-13)$$

从定理 3-1 中平行产品销量的表达式可知，在一定条件下市场均衡时的平行产品销量是大于 0 的（$q_t^I > 0$），这就说明，在一定市场条件下制造商将选择容忍平行进口。从极端情形来看，市场均衡时制造商利润最大化下的产品价格分别为 p_1^I 和 p_2^I，若制造商为阻止平行进口而提升产品价格 p_2^I，这不仅降低市场 2 中向消费者销售产品获得的收入，还将减少从销售平行产品获得的收入，并且受平行产品影响，市场 1 中正规渠道产品销售收入增加的部分将不足以弥补市场 2 中销售收入降低部分。因此，平行进口的存在将降低两个市场中产品价格的差距，削弱制造商在市场中的影响力，并且制造商基于自身利润会在一定程度上容忍平行进口。

接下来我们将从产品的价格和各参与者获得的利润等角度，分析平行进口产生的影响。

3.2.4 平行进口对价格产生的影响

在本小节中，我们将比较存在平行进口与市场完全分割两种情形下的批发价格和产品市场价格的差异，进而分析平行进口对价格产生的影响。

综合定理 3-1 与需求函数表达式，我们可得出结论 3-1。

结论 3-1 与两个市场完全分割相比，平行进口贸易环境下制造商针对分销商 D 制定的批发价格较低，对分销商 F 制定的批发价格较高；市场 1 中授权渠道产品的市场价格较低。

证明：首先，我们比较存在平行进口与不存在平行进口两种情况下分销商 D 和分销商 F 的批发价格，可以得出

$$w_1^I - w_1^n = \frac{1 + 2b - \gamma(b - 1)}{2 + 4b} - \frac{1}{2}$$

$$= \frac{-\gamma(b - 1)}{2 + 4b} < 0$$

$$w_2^I - w_2^n = \frac{3}{2 + 4b} - \frac{1}{2b}$$

$$= \frac{b - 1}{2b(1 + 2b)} > 0$$

其次，我们将（3-12）式中产品销量表达式代入需求函数，可求出市场1中授权渠道产品价格，将该产品价格与市场完全分隔时的产品价格相比，可得

$$p_1^n - p_1^1 = \frac{\gamma\left[24b^2(2-\gamma^2) + \gamma(1+7\gamma) - 18 - 2b(6-\gamma-4\gamma^2)\right]}{4(1+2b)\left[8-3\gamma^2+8b(2-\gamma^2)\right]}$$

由于上式中分母恒大于0，所以，该表达式的正负号取决于分子的符号。我们把上式中 $24b^2(2-\gamma^2) + \gamma(1+7\gamma) - 18 - 2b(6-\gamma-4\gamma^2)$ 记为 $f(b)$，求其关于参数 b 的一阶导数可得

$$\frac{\mathrm{d}f(b)}{\mathrm{d}b} = 96b + 2\gamma + 8\gamma^2 - 12 - 48b\gamma^2 > 0$$

因此，$f(b)$ 是关于参数 b 的增函数，进一步可求得 $f(1) = 18 + 3\gamma - 9\gamma^2 > 0$。

综上所述，存在平行进口时市场1中授权渠道产品的市场价格较低，即 $p_1^1 < p_1^n$。

结论3-1给出了平行进口对产品的批发价格及市场价格的影响。很显然，两个市场完全分割时，供应链中仅存在制造商与分销商间纵向双重边际效应；平行进口贸易商进行投机时，在市场1中授权渠道产品与平行产品进行横向竞争，这种横向竞争必然会弱化上下游企业间纵向双重边际效应，因此，平行进口贸易环境下市场1中授权渠道产品的市场价格较低。另外，平行进口贸易商在进行套利行为时必然会冲击市场1中授权渠道产品的市场份额，并且会猎取部分利润。而为了抑制平行进口贸易商的这种行为，一方面，制造商将降低其针对分销商D制定的批发价格，以增强市场1中授权渠道产品的竞争力；另一方面，制造商将提高其针对分销商F制定的批发价格，以削弱平行产品在市场1中的竞争力。

这里需要指出的是，与两个市场完全分割相比，平行进口贸易环境下市场2中的产品价格是波动的，其原因从以下两方面给出。首先，分销商F能因存在平行进口而获益。更具体地，分销商F的利润是由市场2中的实际消费者与平行进口贸易商共同实现的，平行进口贸易环境下分销商F可以通过降低其单位产品的利润空间以实现销量的大幅度增加，因此，市场2中产品的市场价格可能较低。其次，平行产品流入市场1，会侵蚀市场1中授权渠道产品的市场

份额，影响制造商的歧视定价策略，因此，制造商将提高对分销商 F 的批发价格，进而提高平行进口贸易商的采购成本以抑制平行进口，市场 2 中产品的市场价格可能较高。综上所述，与两个市场完全分割相比，平行进口贸易环境下市场 2 中产品价格取决于以上两方面因素的综合影响。

3.2.5 平行进口对制造商利润的影响

本小节将比较存在平行进口与市场完全分割两种情形下，制造商获得利润的差异。在进行利润比较时，针对较为复杂的表达式我们通过数值分析的方法进行更为直观的分析。

我们将（3-13）式中制造商的利润表达式与市场完全分割时制造商获得的利润进行比较，可得制造商利润差异表达式如下：

$$\pi_M^1 - \pi_M^n = \frac{8b^2(2-\gamma)^2 + (2-\gamma)(22+13\gamma) + 8b(13-\gamma-5\gamma^2)}{8(1+2b)[8-3\gamma^2+8b(2-\gamma^2)]} - \left(\frac{1}{8} + \frac{1}{8b}\right)$$

$$(3-14)$$

接下来，我们从极端情形分析（3-14）式。首先，假设平行产品与授权渠道产品的差异性非常大（产品差异和服务差异），即替代系数 $\gamma \to 0^+$，（3-14）式可化简为

$$\lim_{\gamma \to 0^-}(\pi_M^1 - \pi_M^n) = \frac{10b^2 + b - 2}{16b(1+2b)^2} > 0$$

由上式可知，当市场 1 中两类产品的差异性较大时，平行进口的出现对制造商是有利的，其利润要大于市场完全分割时的利润。这是很容易理解的，因为当市场 1 中两类产品的差异较大时，平行进口不但不会对市场 1 中授权渠道产品造成明显的冲击，反而为制造商销往市场 2 的产品拓展了潜在的新市场。因此，当市场 1 中两类产品的差异性较大时，对于制造商而言平行进口是有利的。

假设平行产品与授权渠道产品的差异性较小，即替代系数 $\gamma \to 1^-$，我们将（3-14）式化简为

$$\lim_{\gamma \to 1^-}(\pi_M^l - \pi_M^n) = \frac{22b^2 + 12b - 8b^3 - 5}{8b(1 + 2b)(5 + 8b)}$$

我们对上式进行分析可知：①当市场 2 的弹性系数较小（两个市场的弹性系数相近）时，$\lim_{\gamma \to 1^-}(\pi_M^l - \pi_M^n) > 0$；②当市场 2 的弹性系数较大（市场 2 的弹性系数远大于市场 1 的弹性系数）时，$\lim_{\gamma \to 1^-}(\pi_M^l - \pi_M^n) < 0$。

出现以上结果的原因为：当市场 2 的弹性系数较小时，两个市场中产品的价格差距不大，平行产品对市场 1 中授权渠道产品的冲击力较弱，并且平行产品带来的横向竞争有助于削弱供应链中纵向双重边际效应，因此，平行进口将使制造商受益。当市场 2 中的弹性系数较大时，两个市场中的产品价格差距较大，平行进口对市场 1 中授权渠道产品的冲击力较强，并且削弱纵向双重边际效应带来的好处，难以弥补平行产品对市场 1 中授权渠道产品的冲击，因此，平行进口将使得制造商利益受损。综上所述，在此 D-F 模型中，平行进口对制造商利润的影响情形取决于相关的市场条件。

3.2.6 平行进口对分销商利润的影响

本小节将比较存在平行进口与市场完全分割两种情形下，分销商 D 以及分销商 F 获得利润的差异。在进行利润比较时，针对较为复杂的表达式我们将通过数值分析的方法进行更为直观的分析。

将 (3-13) 式中分销商 D 的利润表达式与市场完全分割时分销商 D 获得的利润进行比较，我们可得分销商 D 的利润差异表达式如下：

$$\pi_D^l - \pi_D^n = \frac{(2 - \gamma^2)[4 + \gamma + 4b(2 - \gamma)]^2}{8[8 - 3\gamma^2 + 8b(2 - \gamma^2)]^2} - \frac{1}{16} \tag{3-15}$$

我们对 (3-15) 式进行整理得

$$\pi_D^l - \pi_D^n = \frac{\gamma[-32(4 - 3\gamma)(2 - \gamma^2)b^2 - 32(1 - \gamma)(2 - \gamma^2)b + 32 + \gamma(20 - 16\gamma - 11\gamma^2)]}{16[8 - 3\gamma^2 + 8b(2 - \gamma^2)]^2}$$

上式的正负符号由其分子决定，其分子记为

$$f_1(b) = \gamma[-32(4 - 3\gamma)(2 - \gamma^2)b^2 - 32(1 - \gamma)(2 - \gamma^2)b + 32 + \gamma(20 - 16\gamma - 11\gamma^2)]$$

分子表达式 $f_1(b)$ 为关于参数 b 的开口向下的二次函数，我们进一步求出该二次函数的两个根。我们分析表达式 $f_1(b)$ 的两个根，较小的根小于 0，较大的根小于 1。因此，对于任意参数 $b > 1$，出现平行进口将降低分销商 D 的利润，即 $\pi_D^I < \pi_D^n$。

将（3-13）式中分销商 F 的利润表达式与市场完全分割时分销商 F 获得的利润进行比较，我们可得分销商 F 的利润差异表达式如下：

$$\pi_F^I - \pi_F^n = \frac{(1 + 2b)\left[12 - \gamma(5\gamma + 2)\right]^2}{8\left[8 - 3\gamma^2 + 8b(2 - \gamma^2)\right]^2} - \left(\frac{1}{16b}\right) \qquad (3-16)$$

我们对（3-16）式进行整理得

$$\pi_F^I - \pi_F^n = \frac{4(4 - 2\gamma - \gamma^2)(20 - 2\gamma - 9\gamma^2)b^2 + 2[16 - 48\gamma + \gamma^2(20\gamma + \gamma^2 - 4)]b - (8 - 3\gamma^2)^2}{16b\left[8 - 3\gamma^2 + 8b(2 - \gamma^2)\right]^2}$$

首先，我们假设平行产品与授权渠道产品的差异性非常大，即替代系数 $\gamma \to 0^+$，（3-16）式可化简为

$$\lim_{\gamma \to 0^+}(\pi_F^I - \pi_F^n) = \frac{5b - 2}{32b(1 + 2b)} > 0$$

由上式可知，当市场 1 中两类产品的差异性较大时，平行进口的出现对分销商 F 是有利的，其利润会大于市场完全分割时的利润。这是很容易理解的，因为平行进口能为分销商 F 拓展新的潜在市场，并且当替代系数较小时，平行产品对市场 1 中授权渠道产品的冲击非常小，此时制造商将不会采取措施抑制平行进口。

其次，我们假设平行产品与授权渠道产品的差异性较小，即替代系数 $\gamma \to 1^-$，（3-16）式可化简为

$$\lim_{\gamma \to 1^-}(\pi_F^I - \pi_F^n) = \frac{36b^2 - 30b - 25}{16b(5 + 8b)^2}$$

我们对上式进行分析可知：①当市场 2 的弹性系数较小 $\left[1 < b \le \frac{5}{12}(1 + \sqrt{5})\right]$ 时，

$\lim_{\gamma \to 1^-}(\pi_F^I - \pi_F^n) < 0$；②当市场 2 的弹性系数较大 $\left[\frac{5}{12}(1 + \sqrt{5}) < b\right]$ 时，

$\lim_{\gamma \to 1^-}(\pi_F^I - \pi_F^n) > 0$。

直觉上，平行进口对分销商 F 是有利的，即存在平行进口时分销商 F 的利润

要高于不存在平行进口时的利润。事实并非如此：①存在平行进口时分销商 F 的采购价格较高（见结论3-1）。②当市场 2 的弹性系数较小 $\left[1 < b \leq \frac{5}{12}(1+\sqrt{5})\right]$ 时，若分销商 F 希望通过平行进口贸易商扩大其销量，需要降低其边际利润，然而当替代系数 $\gamma \to 1^-$ 时，市场 1 中两类产品的竞争程度非常高，所以分销商 F 降低市场 2 中产品价格以促使其销量增加的效果并不明显。因此，当两类产品替代系数较大且两个市场弹性系数较接近时，平行进口贸易环境下分销商 F 将获得更低的利润。另外，当市场 2 的弹性系数越大 $\left[\frac{5}{12}(1+\sqrt{5}) \leq b\right]$，市场 2 中产品的价格就越低，从而市场 1 中平行产品就越有竞争力，此时分销商 F 不需降低市场 2 中产品的价格也能通过平行进口增加其产品销量。综上所述，存在平行进口对分销商 F 利润的影响情形取决于相关的市场条件。

3.3 集中化决策

3.2 节介绍分散化决策情况下，供应链中各决策主体基于自身利益最大化的策略往往是局部最优的。本小节将考虑供应链集中化决策的情形，从而为供应链分散化决策提供协调的基准。

3.3.1 供应链集中化决策下的市场均衡

集中化决策是供应链运营的一种理想状态，此时制造商、分销商 D 及分销商 F 相当于一个企业的不同部门，他们都以整体利益最大化为目标。由于本书没有将独立的平行进口贸易商作为供应链节点企业考虑。所以，供应链集中化决策是由供应链整体与独立平行进口贸易商构成的一个两阶段 Stackelberg 博弈模型。

在第二阶段的博弈中，对于给定的市场状态，平行进口贸易商选择最优的平行产品销量 q_t 以最大化其自身利润，其决策目标仍可描述为（3-1）式，依据其利润最大化的一阶条件，我们可求出平行进口贸易商的最优反应策略仍为（3-3）式。

在第一阶段的博弈中，制造商基于平行进口贸易商的反应策略，制定供应链整体利润最大化的运作策略，其决策目标可描述为

$$\max_{q_1, q_2} \pi^c = p_1 q_1 + p_2 (q_2 + q_t) \tag{3-17}$$

我们将两个市场中的产品需求函数和平行进口贸易商的最优反应策略（3-3）式代入（3-17）式，并基于供应链整体利润最大化的一阶条件可求得市场1和市场2中授权渠道产品销量，并将产品销量 q_1 和 q_2 代入平行产品销量 q_t 可得定理3-2。

定理3-2 平行进口贸易环境下，供应链授权渠道集中化决策时市场1和市场2中授权渠道产品销量以及平行产品销量分别为

$$
\begin{cases}
q_1^c = \dfrac{(2 - \gamma)}{2(2 - \gamma^2)} \\[3mm]
q_2^c = \dfrac{2 + b}{2(1 + 2b)} \\[3mm]
q_t^c = \dfrac{b(4 - 2\gamma - \gamma^2) - (1 + \gamma - \gamma^2)}{2(1 + 2b)(2 - \gamma^2)}
\end{cases}
\tag{3-18}
$$

定理3-2给出供应链授权渠道集中化决策情形下市场1和市场2中授权渠道产品销量以及平行产品销量（ q_1^c、q_2^c 和 q_t^c ）。我们将（3-18）式分别代入（3-17）式和（3-1）式，可得到集中化供应链以及平行进口贸易商的利润函数分别为

$$
\begin{cases}
\pi^c = \dfrac{1}{4}\left(\dfrac{4 - b}{1 + 2b} + \dfrac{3 - 2\gamma}{2 - \gamma^2} \right) \\[3mm]
\pi_t^c = \dfrac{[b(4 - 2\gamma - \gamma^2) - (1 + \gamma - \gamma^2)]^2}{4(1 + 2b)^2(2 - \gamma^2)^2}
\end{cases}
\tag{3-19}
$$

为了方便后文比较集中化决策下存在平行进口与市场完全分割时的差异，这里给出集中化决策下两个市场完全分割时的产品销量及利润表达式。集中化决策下两个市场中的产品销量分别为 $q_1^n = \dfrac{1}{2}$、$q_2^n = \dfrac{1}{2}$、$p_1^n = \dfrac{1}{2}$、$p_2^n = \dfrac{1}{2b}$，供应

链利润为 $\pi_c^n = \frac{1}{4} + \frac{1}{4b}$。

进一步，我们分别对定理 3-2 中产品销量表达（3-18）式进行分析，可得结论 3-2。

结论 3-2 供应链集中化决策情况下：

① 当替代系数 $\gamma \in [0, 2-\sqrt{2}]$ 时，市场 1 中授权渠道产品销量 q_1^c 随替代系数 γ 的增加而减小；当替代系数 $\gamma \in (2-\sqrt{2}, 1)$ 时，市场 1 中授权渠道产品销量 q_1^c 随替代系数 γ 的增加而增大。

② 市场 2 中消费者购买产品的数量 q_2^c 与替代系数无关，随市场 2 中产品的弹性系数 b 的增加而减小。

③ 平行产品的销量 q_t^c 随替代系数 γ 的增加而减小，随市场 2 中产品的弹性系数 b 的增加而增大。

证明：首先，我们对（3-18）式求出产品销量 q_1^c 关于替代系数 γ 的一阶导数为

$$\frac{dq_1^c}{d\gamma} = -\frac{\gamma^2 - 4\gamma + 2}{2(2-\gamma^2)^2}$$

$$= -\frac{(\gamma - 2 + \sqrt{2})(\gamma - 2 - \sqrt{2})}{2(2-\gamma^2)^2}$$

上式的分子是关于替代系数 γ 开口向下的二次函数，并且替代系数 $\gamma \in [0, 1]$。因此，当 $\gamma \in [0, 2-\sqrt{2}]$ 时，有 $\frac{dq_1^c}{d\gamma} < 0$；当 $\gamma \in [2-\sqrt{2}, 1]$ 时，有 $\frac{dq_1^c}{d\gamma} > 0$。

其次，我们对（3-18）式求出产品销量 q_2^c 关于市场 2 中产品的弹性系数 b 的一阶导数为

$$\frac{dq_2^c}{db} = -\frac{3}{2(1+2b)^2}$$

上式中产品销量 q_2^c 关于市场 2 中产品的弹性系数 b 的一阶导数小于 0。

最后，我们对（3-18）式分别求出产品销量 q_t^c 关于替代系数 γ 和弹性系数 b 的一阶导数得

$$\begin{cases} \dfrac{\partial q_t^c}{\partial \gamma} = -\dfrac{(1-\gamma)^2+1}{2(2-\gamma^2)^2} \\ \dfrac{\partial q_t^c}{\partial b} = \dfrac{3}{2(1+2b)^2} \end{cases}$$

上式产品销量 q_t^c 关于替代系数 γ 的一阶导数小于 0，关于弹性系数 b 的一阶导数大于 0。

结论 3-2 给出了供应链集中化决策下各产品销量与替代系数 γ 和弹性系数 b 之间的关系。对于结论中第一点，当替代系数 $\gamma = 0$ 时，平行产品与市场 1 中授权渠道产品无竞争关系，此时平行进口为制造商开拓了新的潜在市场。随着替代系数的增加（$\gamma < 2 - \sqrt{2}$），平行产品与市场 1 中授权渠道产品的竞争不明显，并且平行进口对供应链带来的有利影响要强于其对市场 1 中授权渠道产品的侵蚀作用，所以，制造商将降低市场 1 中的授权渠道产品销量，进而在平行进口中获得更高的收益。当替代系数超过一定范围（$\gamma > 2 - \sqrt{2}$），表明平行产品对市场 1 中授权渠道产品的冲击很大，此时平行进口对供应链的有利影响要弱于其对市场 1 中授权渠道产品的侵蚀作用。因此，制造商将增加市场 1 中授权渠道产品的销量以抑制平行进口。

结论中第二点是符合经济直觉的，因为市场 2 的弹性系数 b 越大，市场 2 中产品的价格也越低，进而平行进口贸易商的采购成本也越低，市场 2 中流入平行进口的产品数量增加，导致可供市场 2 中消费者购买的产品数量下降。因此，市场 2 中产品销量 q_2^c 随市场 2 中产品的弹性系数 b 的增加而减小。结论中的第三点，即产品销量 q_t^c 关于替代系数 γ 和弹性系数 b 之间的关系，具体如下：首先，随着替代系数 γ 的增加，平行产品与市场 1 中授权渠道产品的竞争程度增强，因此，平行产品的销量将降低；其次，市场 2 中产品的弹性系数 b 越大，均衡时市场 2 中产品价格越低，进而平行进口贸易商的采购成本也越低，平行产品在市场 1 中的相对竞争力越强，因此，平行产品的销量越高。这

是对结论中第二点的支持，因为流入平行进口的产品数量增加将导致可供市场2中消费者购买的产品数量下降。

3.3.2 平行进口的影响

在本小节中将比较存在平行进口与市场完全分割时供应链集中化决策下的相应变量的差异和供应链利润差异，以分析平行进口产生的影响。

我们综合定理3-2与市场完全分割时的产品销量表达式，并比较产品的市场价格可得结论3-3。

结论3-3 供应链集中化决策情况下，与市场完全分割的情况相比较，存在平行进口时：

①市场1中授权渠道产品的销量降低，产品价格降低。

②市场2中消费者购买产品的数量降低，产品价格升高。

③当 $1 < b < b_1$ 时，供应链整体利润增加；当 $b > b_1$ 时，供应链整体利润

降低。其中，$b_1 = \dfrac{5 - 2\gamma - \gamma^2 + \sqrt{25 - 52\gamma + 18\gamma^2 + 20\gamma^3 - 11\gamma^4}}{2(4\gamma - 3\gamma^2)}$。

证明：首先，我们将（3-18）式市场1中授权渠道产品销量、市场2中消费者购买产品的数量分别与市场完全分割时的产品销量进行比较如下：

$$q_1^c - q_1^n = \frac{2 - \gamma}{2(2 - \gamma^2)} - \frac{1}{2} < 0$$

$$q_2^c - q_2^n = \frac{2 + b}{2(1 + 2b)} - \frac{1}{2} < 0$$

其次，我们将（3-18）式中产品销量表达式代入需求函数，并与市场完全分割时两个市场中的产品价格进行比较如下：

$$p_1^c - p_1^n = \frac{1 + 2b - \gamma(b - 1)}{2 + 4b} - \frac{1}{2} < 0$$

$$p_2^c - p_2^n = \frac{3}{2 + 4b} - \frac{1}{2b} > 0$$

最后，我们对存在平行进口与市场完全分割时供应链整体利润进行比较

如下：

$$\pi^c - \pi^n = \frac{1}{4}\left(\frac{4-b}{1+2b} + \frac{3-2\gamma}{2-\gamma^2}\right) - \frac{1}{4} - \frac{1}{4b}$$

我们对上式进行整理，并记其分子为 $f(b) = -(4\gamma - 3\gamma^2)b^2 + (5 - 2\gamma - \gamma^2)b - (2 - \gamma^2)$，该分子为开口向下的二次函数，求解该表达式的两个根，其中较小的根小于 1（舍去），较大的根（可验证其大于 1），为

$$b_1 = \frac{5 - 2\gamma - \gamma^2 + \sqrt{25 - 52\gamma + 18\gamma^2 + 20\gamma^3 - 11\gamma^4}}{2(4\gamma - 3\gamma^2)}$$

因此，当 $1 < b < b_1$ 时，供应链整体利润增加；当 $b > b_1$ 时，供应链整体利润降低。

结论 3-3 给出了供应链集中化决策情况下，存在平行进口与市场完全分割这两类情形中产品的市场价格、销量及供应链整体利润的差异。首先，平行进口的出现将侵蚀市场 1 中授权渠道产品的市场份额，并且市场 2 中部分产品流入平行进口将导致市场 2 中可供消费者购买的产品数量下降。其次，由于平行产品流入市场 1 中并与授权渠道产品相竞争，因此，市场 1 中授权渠道产品的价格会降低。最后，本章假定市场 2 中产品价格是由该市场中实际消费需求确定，且市场 2 中消费者的实际需求是降低的，因此，市场 2 中产品的价格会升高。我们进一步对供应链整体利润进行比较，当 $25 - 52\gamma + 18\gamma^2 + 20\gamma^3 - 11\gamma^4 < 0$ 时，平行产品对市场 1 中授权渠道产品的侵蚀作用要强于平行进口拓展新的潜在市场带来的有利影响，在此条件下，对任意的弹性系数 b，平行进口都将降低供应链利润。在 $25 - 52\gamma + 18\gamma^2 + 20\gamma^3 - 11\gamma^4 > 0$ 的前提下，当 $1 < b < b_1$ 时，平行产品对市场 1 中授权渠道产品的侵蚀作用要弱于平行产品拓展新的潜在市场带来的有利影响，因此，供应链整体利润增加；当 $b > b_1$ 时，市场 2 中产品价格较低，平行产品对市场 1 中授权渠道产品的侵蚀作用较强，因此，供应链整体利润降低。

3.3.3 协调基准

本小节将对存在平行进口时，供应链集中化决策与分散化决策的情形相

比较。

我们将（3-18）式与（3-12）式中相应的产品销量进行比较，可得结论3-4。

结论3-4 存在平行进口时，供应链集中化决策与分散化决策情形相比较如下：

①供应链集中化决策情形下，市场1中授权渠道产品销量较高、价格较低，即 $q_1^c > q_1^I$、$p_1^c < p_1^I$；

②供应链集中化决策情形下，市场2中消费者购买产品的数量较高、价格较低，即 $q_2^c > q_2^I$、$p_2^c < p_2^I$；

③集中化决策情形下，供应链整体利润高于分散化决策下供应链整体利润，即 $\pi^c > \pi_M^I + \pi_D^I + \pi_F^I$。

证明：我们将（3-18）式与（3-12）式中相应的市场1中授权渠道产品销量表达式进行比较如下：

$$q_1^c - q_1^I = \frac{2[4 - 5\gamma - \gamma^2 + 2\gamma^3 + 2b(4 - 2\gamma - 2\gamma^2 + \gamma^3)]}{(2 - \gamma^2)[8 - 3\gamma^2 + 8b(2 - \gamma^2)]}$$

上式中分母恒大于0，其正负号取决于分子。其分子是关于参数 b 的单调递增函数，最小值在参数 $b = 1$ 处取得。我们将参数 $b = 1$ 代入上式分子，化简得 $12 - 9\gamma - 5\gamma^2 + 4\gamma^3$。化简后的分子表达式为关于参数 γ 的单调递减函数，因此，有 $\min(q_1^c - q_1^I) = (q_1^c - q_1^I)|_{b=1,\ \gamma=1} > 0$。

存在平行进口时，我们把供应链分散化决策与集中化决策情形下市场1中产品价格相比较如下：

$$p_1^I - p_1^c = \frac{16 + 8b^2(4 - 5\gamma)(2 - \gamma^2) + b(64 + 62\gamma - 37\gamma^2 - 31\gamma^3)}{4(1 + 2b)[8 - 3\gamma^2 + 8b(2 - \gamma^2)]} > 0$$

我们将（3-18）式与（3-12）式市场2中消费者购买产品的数量进行比较如下：

$$q_2^c - q_2^I = \frac{b[12 - \gamma(2 + 5\gamma)]}{2[8 - 3\gamma^2 + 8b(2 - \gamma^2)]}$$

上式中分母恒大于0，其正负号取决于分子。对于任意 $\gamma \in [0, 1]$，该表达式中分子明显大于 0。

当存在平行进口时，供应链分散化决策与集中化决策情形下市场 1 中产品价格相比较如下：

$$p_2^I - p_2^c = \frac{12 - \gamma(2 + 5\gamma)}{2[8 - 3\gamma^2 + 8b(2 - \gamma^2)]} > 0$$

我们将（3-19）式的供应链整体利润与（3-13）式的供应链节点企业的总体利润相比较如下：

$$\pi^c - \pi_M^I - \pi_D^I - \pi_F^I = \frac{44 + 2b(2 - \gamma^2)(2 - \gamma)^2 - \gamma[32 + 22\gamma - 3\gamma^2(4 + \gamma)]}{8(2 - \gamma^2)[8 - 3\gamma^2 + 8b(2 - \gamma^2)]}$$

上式中分母恒大于 0，其正负号取决于分子。其分子是关于参数 b 的单调递增函数，最小值在参数 $b = 1$ 处取得。我们将参数 $b = 1$ 代入上式分子，化简得 $60 - 48\gamma - 26\gamma^2 + 20\gamma^3 + \gamma^4$。化简后的分子表达式为关于参数 γ 的单调递减函数，因此，有 $\min(\pi^c - \pi_M^I - \pi_D^I - \pi_F^I) = (\pi^c - \pi_M^I - \pi_D^I - \pi_F^I)|_{b=1,\ \gamma=1} > 0$。

供应链集中化决策情形下，平行产品的销量不一定较高。这是因为当平行产品对市场 1 中授权渠道产品的冲击力较弱时，集中化决策情形下制造商将制定策略以使平行进口能拓展新的潜在市场，而当平行产品对市场 1 中授权渠道产品的冲击力较强时，集中化决策情形下制造商将制定策略以抑制平行进口。

综合以上分析，平行进口贸易环境中存在供应链纵向竞争，市场 1 中还存在平行产品与授权渠道产品之间的横向竞争。接下来，我们将以平行进口贸易环境下供应链集中化决策为基准，采用收益分享契约对分散化决策情形下的供应链进行协调。

3.4 供应链协调

3.3 节的研究表明，平行进口贸易环境下，进行供应链分散化决策时其整体绩效具有改进的空间（参见结论 3-4）。接下来，本书对分散化供应链进行协调，从而平衡供应链中纵向竞争与平行产品带来的横向竞争，以实现供应链系统期望利润整体最优。存在平行进口时既有供应链中的纵向竞争，又有平行产品与授权渠道产品的横向竞争，这将为供应链的协调带来新的问题。本小节将在前面研究的基础上，考虑采用收益分享契约对平行进口贸易环境下分散化供应链进行协调。相应的协调机制如下。

我们采用收益分享契约，各事件发生的顺序：首先，制造商作为 Stackelberg 博弈的领导者以较低的批发价格为两个分销商供货；其次，各分销商针对其所处的市场状况制定相应的运作策略，并以 $1 - \varphi$ 比例返还收入给制造商；最后，投机者在观察到两个市场中产品的价格差异，进行套利投机。

定理3-3 存在平行进口时，批发价格与收益分享系数满足的关系如下：

$$\begin{cases} w_1(\varphi) = \dfrac{3\gamma\varphi}{4 + 8b} \\[3mm] w_2(\varphi) = \dfrac{\gamma(2 - \gamma)\varphi}{2(1 + 2b)(2 - \gamma^2)} \end{cases} \tag{3-20}$$

收益分享系数在 $\max[\varphi_1, \varphi_2] \leq \varphi \leq \varphi_3$ 范围内能实现供应链节点企业间的利益协调，其中：

$$\varphi_1 = \frac{(2 - \gamma^2)^2 [4 + 4b(2 - \gamma) + \gamma]^2}{(2 - \gamma^2)^2 [8 - 3\gamma^2 + 8b(2 - \gamma^2)]^2}$$

$$\varphi_2 = \frac{(1 + 2b)^2 (2 - \gamma^2)^2 [12 - \gamma(2 + 5\gamma)]^2}{4(3 - \gamma - \gamma^2)^2 [8 - 3\gamma^2 + 8b(2 - \gamma^2)]^2}$$

$$\varphi_3 = \frac{(1 + 2b)(2 - \gamma^2)[88 + 4b(2 - \gamma)^2(2 - \gamma^2) - 40\gamma - 60\gamma^2 + \gamma^3(16 + 11\gamma)]}{[8 - 3\gamma^2 + 8b(2 - \gamma^2)][44 + 2b(2 - \gamma)^2(2 - \gamma^2) - 32\gamma - 22\gamma^2 + 3\gamma^3(4 + \gamma)]}$$

证明：我们采用逆向归纳法推导定理3-3中的结论，以下是平行进口贸易环境下供应链协调机制的推导过程。

在第三阶段的博弈中，平行进口贸易商基于制造商和分销商的决策选择自身利润最大化的平行产品销量 q_t，从而其决策目标仍可以用（3-1）式进行描述。根据平行进口贸易商利润最大化的一阶条件，我们可求出平行进口贸易商的最优反应策略仍为（3-3）式。

在第二阶段的博弈中，分销商 D 和分销商 F 分别得到制造商给定的批发价格 $w_1(\varphi)$ 和 $w_2(\varphi)$，然后基于平行进口贸易商的最优反应策略（3-3）式，分别决策自身利润最大化的产品销量 $q_1(w_1, \varphi)$ 和 $q_2(w_1, \varphi)$，从而其决策目标可描述为

$$
\begin{cases}
\max\limits_{q_1} \pi_D = \varphi p_1 q_1 - w_1 q_1 \\
\max\limits_{q_2} \pi_F = (\varphi p_2 - w_2)(q_2 + q_t)
\end{cases}
\tag{3-21}
$$

我们将需求函数代入（3-21）式，并分别基于分销商 D 和分销商 F 的利润最大化一阶条件求出其运作策略 $q_1(w_1, \varphi)$ 和 $q_2(w_1, \varphi)$ 如下：

$$
\begin{cases}
q_1 = \dfrac{[4 + 4b(2 - \gamma) + \gamma]\varphi - 4(1 + 2b)w_1 + \gamma(1 + 2b)w_2}{[8 - 3\gamma^2 + 8b(2 - \gamma^2)]\varphi} \\[2mm]
q_2 = \dfrac{[4(2 + b) + 2b\gamma - 3(1 + b)\gamma^2]\varphi - 2b\gamma w_1 - 2b(1 + 2b)(2 - \gamma^2)w_2}{[8 - 3\gamma^2 + 8b(2 - \gamma^2)]\varphi}
\end{cases}
$$

$$\tag{3-22}$$

在第 1 阶段的博弈中，制造商基于分销商与平行进口贸易商的反应策略（3-22）式和（3-3）式制定批发价格，其决策表达式为

$$
\max\limits_{w_1, w_2} \Pi = p_1(w_1, w_2, \varphi) q_1(w_1, w_2, \varphi) - p_2(w_1, w_2, \varphi)
$$
$$
[q_2(w_1, w_2, \varphi) + q_t(w_1, w_2, \varphi)]
$$

我们将需求函数、平行进口贸易商的反应策略以及分销商反应策略表达式代入上式，并依据最优化决策的一阶条件，得

$$
\begin{cases}
w_1(\varphi) = \dfrac{3\gamma\varphi}{4 + 8b} \\[2mm]
w_2(\varphi) = \dfrac{\gamma(2 - \gamma)\varphi}{2(1 + 2b)(2 - \gamma^2)}
\end{cases}
$$

实践中，要使得所设计的协调契约能够被实施，我们需要保证实施该协调契约时，制造商与两个市场中的分销商的绩效都能达到帕累托改进。因此，我们进一步探讨该协调契约的可实施性。

我们将需求函数、（3-20）式以及（3-22）式代入各参与者的利润函数可得

$$\begin{cases} \pi_D = \dfrac{(2-\gamma)^2 \varphi}{8(2-\gamma^2)} \\[3mm] \pi_F = \dfrac{(3-\gamma-\gamma^2)^2 \varphi}{2(1+2b)(2-\gamma^2)^2} \\[3mm] \pi_M = \dfrac{1}{4}\left(\dfrac{4-b}{1+2b} + \dfrac{3-2\gamma}{2-\gamma^2}\right) - \dfrac{(2-\gamma)^2 \varphi}{8(2-\gamma^2)} - \dfrac{(3-\gamma-\gamma^2)^2 \varphi}{2(1+2b)(2-\gamma^2)^2} \end{cases}$$

$$(3-23)$$

要使（3-20）式的协调机制得以实施，需满足：

$$\begin{cases} \pi_D \geq \pi_D^I \\[2mm] \pi_F \geq \pi_F^I \\[2mm] \pi_M \geq \pi_M^I \end{cases}$$

我们将（3-13）式和（3-23）式同时代入上式，由 $\pi_D \geq \pi_D^I$ 得出 $\varphi \geq \varphi_1$，由 $\pi_F \geq \pi_F^I$ 得出 $\varphi \geq \varphi_2$，由 $\pi_M \geq \pi_M^I$ 得出 $\varphi \geq \varphi_3$。因此，在（3-20）式的协调机制下，供应链节点企业都能实现帕累托改进的收益分享系数的有效区间为 $\max[\varphi_1, \varphi_2] \leq \varphi \leq \varphi_3$。其中：

$$\varphi_1 = \frac{(2-\gamma^2)^2[4+4b(2-\gamma)+\gamma]^2}{(2-\gamma^2)^2[8-3\gamma^2+8b(2-\gamma^2)]^2}$$

$$\varphi_2 = \frac{(1+2b)^2(2-\gamma^2)^2[12-\gamma(2+5\gamma)]^2}{4(3-\gamma-\gamma^2)^2[8-3\gamma^2+8b(2-\gamma^2)]^2}$$

$$\varphi_3 = \frac{(1+2b)(2-\gamma^2)[88+4b(2-\gamma)^2(2-\gamma^2)-40\gamma-60\gamma^2+\gamma^3(16+11\gamma)]}{[8-3\gamma^2+8b(2-\gamma^2)][44+2b(2-\gamma)^2(2-\gamma^2)-32\gamma-22\gamma^2+3\gamma^3(4+\gamma)]}$$

综上所述，为保证该协调机制有效实施，供应链节点企业都能实现绩效帕累托改进，收益分享系数的有效区间为 $\max[\varphi_1, \varphi_2] \leq \varphi \leq \varphi_3$。

定理 3-3 给出了平行进口贸易环境下供应链的协调策略。实施该协调机制，制造商无须单独设定批发价格，只需与分销商协商好收益分享比例 φ，然后根据（3-20）式确定相应的批发价格即可。由（3-20）式的协调机制可知，制造商针对分销商 D 和分销商 F 制定批发价格随受益分享比例的提高而增大。直觉上，受益分享比例 φ 越大，制造商能分享的收入也就越低，因此，制造商为保证自身利益，将会制定更高的批发价格。现实中，供应链的协调机制能够被采纳，一方面要求供应链整体绩效能有所提升，另一方面要求供应链中各参与者的绩效都能实现帕累托改进。而定理3-3的后半部分给出了实现分散化供应链协调的收益分享系数取值的有效区间，即当收益分享系数满足 $\max\left[\varphi_1, \varphi_2\right] \leq \varphi \leq \varphi_3$ 时，供应链中各企业才能实现绩效帕累托改进。

3.5 N–F 模型

前面的 D–F 模型考虑的是制造商在两个市场中均是通过分销商销售产品的情形。针对现有关于平行进口的部分文献考虑制造商在其中一个市场直接销售给消费者，在另一个市场中通过分销商销售产品的情形，本节在 D–F 模型的基础上考虑以下情形，即制造商在市场1中通过分销商 D 销售产品，在市场2中直接销售产品，记为 N–F 模型。该模型中关于市场条件的假设与 3.1 节模型描述中的假设基本相同，N–F 模型的供应链结构图如图3-2所示。

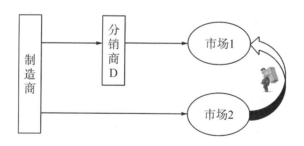

图 3-2　N–F 模型的供应链结构图

N–F 模型中各事件的发生顺序如下：

首先，制造商基于自身利润最大化，给定其在市场2中的运作策略并同时针对分销商 D 制定批发价格策略。

其次，分销商 D 根据制造商的批发价格和预期的市场状态，基于自身利润最大化决策其产品销量。

最后，平行进口贸易商在观察到两个市场中产品价格差异情况之后，确定其转运销售平行产品的数量。

3.5.1 市场均衡

根据事件的发生顺序，我们把博弈模型划分为三个阶段：首先，制造商以自身利益最大化为目标分别制定批发价格 w_1 和市场 2 中产品销量 q_2；其次，分销商 D 基于制造商给定的批发价格和平行进口贸易商的反应策略，以自身利益最大化为目标决策市场 1 中的产品销量 q_1；最后，平行进口贸易商基于制造商和分销商 D 的决策确定其平行产品的销量 q_t。与前文类似，我们采用逆向归纳法求解。

在第三阶段的博弈中，平行进口贸易商基于制造商和分销商的决策，选择使自身利润最大化的平行产品销量 q_t，从而其决策目标仍可以用（3-1）式进行描述。根据平行进口贸易商利润最大化的一阶条件，我们可求出平行进口贸易商的最优反应策略仍为（3-3）式。

在第二阶段的博弈中，分销商 D 基于制造商给定的批发价格 w_1 和平行进口贸易商的最优反应策略（3-3）式，决策自身利润最大化的产品销量 q_1，从而其决策目标可描述为

$$\max_{q_1}\pi_D = p_1 q_1 - w_1 q_1 = (1 - q_1 - \gamma q_t)q_1 - w_1 q_1 \qquad (3-24)$$

我们将平行进口贸易商的最优反应策略代入（3-24）式，并基于分销商 D 的利润最大化一阶条件求出其运作策略 q_1 为

$$q_1 = \frac{2b + \gamma - b\gamma - \gamma q_2 - 2bw_1}{4b - 2b\gamma^2} \qquad (3-25)$$

由以上表达式可知，在 N-F 模型中分销商 D 的决策直接依赖制造商的批发价格与制造商向市场 2 供应产品的数量 q_2。分销商 D 的产品销量 q_1 与 w_1 和 q_2 都呈负向变动关系。首先，批发价格 w_1 越高，供应链中纵向双重边际效应影响力越强，因此分销商 D 的产品销量 q_1 越低；其次，制造商向市场 2 中供应产品数量 q_2 越大，市场 2 中产品价格也越低，平行进口产品的采购成本越

低，在市场 1 中平行产品的相对竞争力越强，因此分销商 D 的产品销量 q_1 越低。

在第一阶段的博弈中，制造商基于分销商 D 和平行进口贸易商的反应策略制定批发价格，其决策表达式为

$$\max_{w_1, q_2} \pi_M = p_2(q_2 + q_t) + w_1 q_1 = \left(\frac{1 - q_2}{b}\right)(q_2 + q_t) + w_1 q_1 \quad (3-26)$$

我们将（3-3）式和（3-25）式代入上式，并基于其利润最大化一阶条件求出其运作策略为

$$\begin{cases} w_1 = \dfrac{1 + 2b - \gamma(b - 1)}{2 + 4b} \\ q_2 = \dfrac{2 + b}{2 + 4b} \end{cases}$$

我们将上式代入分销商 D 与平行进口贸易商的反应策略，可得出市场均衡时各参与者的均衡策略，即定理 3-4。

定理 3-4　平行进口贸易环境下，制造商在市场 1 中通过分销商 D 销售产品，在市场 2 中直接销售产品，市场均衡时各参与者的均衡策略为

$$\begin{cases} w_1^{\mathrm{II}} = \dfrac{1 + 2b - \gamma(b - 1)}{2 + 4b} \\[2mm] q_2^{\mathrm{II}} = \dfrac{2 + b}{2 + 4b} \\[2mm] q_1^{\mathrm{II}} = \dfrac{2 - \gamma}{4(2 - \gamma^2)} \\[2mm] q_t^{\mathrm{II}} = \dfrac{6b - 3}{8(1 + 2b)} + \dfrac{1 - \gamma}{4(2 - \gamma^2)} \end{cases} \quad (3-27)$$

我们将（3-27）式的均衡策略代入相应参与者的利润函数得出

$$
\begin{cases}
\pi_M^{\mathrm{II}} = \dfrac{17 - 2b}{16(1 + 2b)} + \dfrac{3 - 2\gamma}{16 - 8\gamma^2} \\[3mm]
\pi_D^{\mathrm{II}} = \dfrac{(2 - \gamma)^2}{32(2 - \gamma^2)} \\[3mm]
\pi_t^{\mathrm{II}} = \dfrac{[4 + \gamma(2 - 3\gamma) - 2b(2 + \gamma)(4 - 3\gamma)]^2}{64(1 + 2b)^2(2 - \gamma^2)^2}
\end{cases}
\tag{3-28}
$$

接下来我们从产品的价格和各参与者获得的利润等角度分析平行进口产生的影响。

3.5.2　平行进口的影响

本小节将比较 N-F 模型中存在平行进口与市场完全分割时的相应变量的差异和各参与者的利润差异，以分析平行进口产生的影响。不难验证 N-F 模型中市场完全分割时的均衡策略及利润分别为 $w_1^n = \dfrac{1}{2}$、$q_1^n = \dfrac{1}{4}$、$p_1^n = \dfrac{3}{4}$、$q_2^n = \dfrac{1}{2}$、$p_2^n = \dfrac{1}{2b}$、$\pi_D^n = \dfrac{1}{16}$、$\pi_M^n = \dfrac{1}{8} + \dfrac{1}{4b}$。

我们综合定理 3-4 与市场完全分割时的产品销量表达式，并比较产品的市场价格，可得结论 3-5。

结论 3-5　与市场完全分割的情形相比较，存在平行进口时：

①市场 1 中产品的销量 q_1 降低，产品价格 p_1 降低。

②市场 2 中消费者购买产品的数量 q_2 降低，产品价格 p_2 升高。

③当 $1 < b < b_2$ 时，制造商利润增加；当 $b > b_2$ 时，制造商利润降低。

④ 分 销 商 D 的 利 润 降 低，其 中，$b_2 = \dfrac{20 - \gamma(4 + 7\gamma) + (2 - \gamma)\sqrt{100 - \gamma(4 + 47\gamma)}}{4(4\gamma - 3\gamma^2)}$。

证明：首先，我们将（3-27）式中市场 1 授权渠道产品销量、市场 2 消费者购买产品的数量分别与市场完全分割时的产品销量进行比较，得

$$
q_1^{\mathrm{II}} - q_1^n = \dfrac{2 - \gamma}{4(2 - \gamma^2)} - \dfrac{1}{4} < 0
$$

$$q_2^{\mathrm{II}} - q_2^n = \frac{2 + b}{2(1 + 2b)} - \frac{1}{2} < 0$$

其次，我们将（3-18）式中产品销量表达式代入需求函数，并与市场完全分割时两个市场中的产品价格进行比较，得

$$p_1^{\mathrm{II}} - p_1^n = \frac{3[2 + 2b(2 - \gamma) + \gamma]}{8 + 16b} - \frac{3}{4} < 0$$

$$p_2^{\mathrm{II}} - p_2^n = \frac{3}{2 + 4b} - \frac{1}{2b} > 0$$

再次，我们对存在平行进口与市场完全分割时制造商的利润进行比较，得

$$\pi_M^{\mathrm{II}} - \pi_M^n = \frac{17 - 2b}{16(1 + 2b)} + \frac{3 - 2\gamma}{8(2 - \gamma^2)} - \frac{1}{8} - \frac{1}{4b}$$

整理上式，我们记其分子为 $f(b) = -2 \times (4\gamma - 3\gamma^2) b^2 + (20 - 4\gamma - 7\gamma^2) b - 4 \times (2 - \gamma^2)$，观察该分子为关于参数 b 的开口向下的二次函数，求解该表达式的两个根，其中较小的根小于 1（舍去），较大的根（$b > 1$）为

$$b_2 = \frac{20 - \gamma(4 + 7\gamma) + (2 - \gamma)\sqrt{100 - \gamma(4 + 47\gamma)}}{4(4\gamma - 3\gamma^2)}$$

因此，当 $1 < b < b_2$ 时，制造商利润增加；当 $b > b_2$ 时，制造商利润降低。

最后，我们对存在平行进口与市场完全分割时分销商 D 的利润进行比较，得

$$\pi_D^{\mathrm{II}} - \pi_D^n = \frac{(2 - \gamma)^2}{32(2 - \gamma^2)} - \frac{1}{16} < 0$$

综上所述，结论 3-5 得证。

3.5.3 供应链协调

本章 3.3 节给出了供应链集中化决策，这里就不再重复叙述。接下来，我们首先比较集中化决策情形下供应链整体利润与本节 N-F 模型中制造商与分销商 D 的总体利润差异，讨论 3.3 节中集中化决策是否能作为 N-F 模型中供应链协调的基准；然后再引入收益分享契约对供应链进行协调。

首先，我们将（3-28）式中制造商和分销商 D 的总体利润与（3-19）式

中集中化决策情形下供应链整体利润进行比较，得

$$\pi^c - \pi_M^{II} - \pi_D^{II} = \frac{1}{4}\left(\frac{4-b}{1+2b} + \frac{3-2\gamma}{2-\gamma^2}\right) - \left[\frac{17-2b}{16(1+2b)} + \frac{3-2\gamma}{16-8\gamma^2}\right] -$$

$$\frac{(2-\gamma)^2}{32(2-\gamma^2)} = \frac{(2-\gamma)^2}{32(2-\gamma^2)} > 0$$

由上式结果可知，集中化决策情形下供应链绩效高于分散化决策情形下制造商与分销商 D 的整体绩效，因此，我们采用收益分享契约对分散化供应链进行协调。

采用收益分享契约时，各事件发生的顺序：首先，制造商作为 Stackelberg 博弈的领导者以较低的批发价格为分销商 D 供货，同时决策向市场 2 中供应产品的数量；其次，分销商 D 针对其所处的市场状况制定相应的运作策略，并把 $1-\psi$ 比例的收入返还给制造商；最后，投机者在观察到两个市场中产品价格差异后进行套利投机。

定理 3-5 存在平行进口时，批发价格与收益分享系数满足关系如下：

$$w_1(\psi) = \frac{3\gamma\psi}{4+8b} \tag{3-29}$$

且收益分享系数在 $\frac{1}{4} \leqslant \psi \leqslant \frac{1}{2}$ 范围能实现供应链节点企业间的利益协调。

证明：我们采用逆向归纳法推导定理 3-5 中的结论，以下是供应链协调机制的证明过程。

在第三阶段的博弈中，平行进口贸易商基于制造商和分销商的决策选择实现自身利润最大化的平行产品销量 q_t，从而其决策目标仍可以用（3-1）式进行描述。根据平行进口贸易商利润最大化的一阶条件，我们可求出平行进口贸易商的最优反应策略仍为（3-3）式。

在第二阶段的博弈中，分销商 D 基于制造商给定的批发价格 $w_1(\psi)$ 和平行进口贸易商的最优反应策略（3-3）式，决策实现自身利润最大化的产品销量 $q_1(w_1, \psi)$，从而其决策目标可描述为

$$\max_{q_1}\pi_D = \psi p_1 q_1 - w_1 q_1 \tag{3-30}$$

我们将需求函数代入（3-30）式，并基于分销商 D 的利润最大化一阶条件，求出其运作策略 $q_1(w_1, \psi)$ 为

$$q_1 = \frac{(2b + \gamma - b\gamma)\psi - \gamma\psi q_2 - 2bw_1}{2(2 - \gamma^2)b\psi} \tag{3-31}$$

在第一阶段的博弈中，制造商基于分销商 D 和平行进口贸易商的反应策略（3-31）式和（3-3）式决策市场 2 中的产品销量 q_2 和批发价格 w_1，其决策表达式为

$$\max_{w_1, q_2}\Pi = p_1(w_1, q_2, \psi)q_1(w_1, q_2, \psi) - p_2(w_1, q_2, \psi)[q_2 + q_t(w_1, q_2, \psi)]$$

我们将需求函数、平行进口贸易商的反应策略以及分销商反应策略表达式代入上式，并依据最优化决策的一阶条件可求得

$$\begin{cases} w_1 = \dfrac{3\gamma\psi}{4 + 8b} \\[3mm] q_2 = \dfrac{2 + b}{2(1 + 2b)} \end{cases} \tag{3-32}$$

实践中要使得所设计的协调契约能够被实施，我们需保证实施该协调契约时，制造商与两个市场中的分销商的绩效都能达到帕累托改进。因此，我们进一步探讨该协调契约的可实施性。

我们将需求函数、（3-31）式以及（3-32）式代入各参与者的利润函数可得

$$\begin{cases} \pi_D = \dfrac{(2 - \gamma)^2\psi}{8(2 - \gamma^2)} \\[4mm] \pi_M = \dfrac{1}{4}\left(\dfrac{4 - b}{1 + 2b} + \dfrac{3 - 2\gamma}{2 - \gamma^2}\right) - \dfrac{(2 - \gamma)^2\psi}{8(2 - \gamma^2)} \end{cases} \tag{3-33}$$

要使（3-29）式的协调机制得以实施，需满足条件如下：

$$\begin{cases} \pi_D \geq \pi_D^{\mathrm{II}} \\[2mm] \pi_M \geq \pi_M^{\mathrm{II}} \end{cases}$$

我们将（3-28）式和（3-33）式同时代入上式，由 $\pi_D \geq \pi_D^{\mathrm{II}}$ 得出 $\psi \geq \dfrac{1}{4}$，由 $\pi_M \geq \pi_M^{\mathrm{II}}$ 得出 $\psi \leq \dfrac{1}{2}$。因此，在实施协调机制（3-29）式时，供应链

节点企业都能实现帕累托改进的收益分享系数的有效区间为 $\frac{1}{4} \leq \psi \leq \frac{1}{2}$。

定理 3-5 给出了 N-F 模型中供应链的协调策略。实施该协调机制时，制造商无须单独设定批发价格，只需与分销商协商好收益分享比例 ψ，然后根据（3-29）式确定相应的批发价格即可。由（3-29）式的协调机制可知，制造商针对分销商 D 制定的批发价格随受益分享比例的提高而增大。直觉上，受益分享比例 ψ 越大，制造商能分享的收入也就越低，因此，制造商为保证自身利益，将会制定更高的批发价格。现实中，供应链的协调机制能够被采纳，一方面要求供应链整体绩效能有所提升，另一方面要求供应链中各参与者的绩效都能实现帕累托改进。而定理 3-5 的后半部分给出了实现平行进口贸易环境下供应链协调的收益分享系数取值的有效区间，即当收益分享系数取值满足 $\frac{1}{4} \leq \psi \leq \frac{1}{2}$ 时，供应链中各企业才能实现绩效帕累托改进。

3.6　N-D 模型

3.5 节考虑的是制造商在市场 1 中通过分销商 D 销售产品，在市场 2 中直接销售产品的情形。接下来本节将研究制造商在市场 1 中直接销售产品，在市场 2 中通过分销商 F 销售产品的情形，记为 N-D 模型。N-D 模型中关于市场条件的假设与 3.1 节模型中描述的假设基本相同，N-D 模型的供应链结构图如图 3-3 所示。

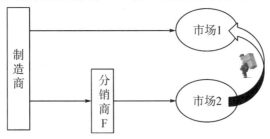

图 3-3　N-D 模型的供应链结构图

N-D 模型中各事件的发生顺序如下：

首先，制造商基于自身利润最大化，给定其在市场 1 中的运作策略并制定针对分销商 F 的批发价格策略。

其次，分销商 F 根据制造商的批发价格和预期的市场状态，基于自身利润最大化决策其产品销量，

最后，平行进口贸易商在观察到两个市场中产品价格的差异之后，确定其转运销售平行产品的数量。

3.6.1 市场均衡

根据事件的发生顺序，我们将博弈模型划分为三个阶段：首先，制造商以自身利益最大化为目标分别制定批发价格 w_2 和市场 1 中产品销量 q_1；其次，分销商 F 基于制造商给定的批发价格和平行进口贸易商的反应策略，以自身利益最大化为目标决策市场 1 中的产品销量 q_2；最后，平行进口贸易商基于制造商和分销商 D 的决策确定其平行产品的销量 q_t。我们采用逆向归纳法对模型进行求解。

在第三阶段的博弈中，平行进口贸易商基于制造商和分销商 F 的决策选择自身利润最大化的平行产品销量 q_t，从而其决策目标仍可以用（3-1）式进行描述。根据平行进口贸易商利润最大化的一阶条件，我们可求出平行进口贸易商的最优反应策略仍为（3-3）式。

在第二阶段的博弈中，分销商 F 基于制造商给定的批发价格 w_2 和平行进口贸易商的最优反应策略（3-3）式，决策实现自身利润最大化的产品销量 q_2，从而其决策目标可描述为

$$\max_{q_2} \pi_F = (p_2 - w_2)(q_2 + q_t) = (\frac{1 - q_2}{b} - w_2)(q_2 + q_t) \qquad (3-34)$$

我们将平行进口贸易商的最优反应策略代入（3-34）式，并基于分销商 F 实现利润最大化的一阶条件，求出其运作策略 q_2 为

$$q_2 = \frac{2 + b + b\gamma q_1 - b(1 + 2b)w_2}{4b + 2} \qquad (3-35)$$

由以上表达式可知，在 N-D 模型中分销商 F 的决策直接依赖制造商的批发价格与制造商向市场 1 供应产品的数量 q_1。分销商 F 的产品销量 q_2 与批发价格 w_2（产品销量 q_1）呈负向（正向）变动关系。首先，批发价格 w_2 越高，供应链中纵向双重边际效应影响力越强，因此，分销商 F 的产品销量 q_2 越低；其次，制造商向市场 1 中供应产品数量 q_1 越大，市场 1 中授权渠道产品与平行产品的竞争程度越强，因此，市场 2 中流入平行进口的产品数量越小，导致可供市场 2 中消费者购买的产品数量 q_2 越大。

在第一阶段的博弈中，制造商基于分销商 F 和平行进口贸易商的反应策略制定批发价格 w_2 和产品销量 q_1，其决策表达式为

$$\max_{w_2, \, q_1} \pi_M = p_1 q_1 + w_2 (q_2 + q_t) = (1 - q_1 - \gamma q_t) q_1 + w_2 (q_2 + q_t) \quad (3\text{-}36)$$

我们将（3-3）式和（3-35）式代入上式，并基于实现利润最大化的一阶条件，求出其运作策略为

$$\begin{cases} w_2 = \dfrac{3}{2 + 4b} \\[3mm] q_1 = \dfrac{4 + 8b - \gamma(4b - 1)}{8 + 16b - 2\gamma^2 - 8b\gamma^2} \end{cases}$$

我们将上式代入分销商 F 与平行进口贸易商的反应策略，可得出市场均衡时各参与者的均衡策略，即定理 3-6。

定理 3-6 平行进口贸易环境下，制造商在市场 1 中直接销售产品，在市场 2 中通过分销商 F 销售产品，市场均衡时各参与者的均衡策略为

$$\begin{cases} w_2^{\text{III}} = \dfrac{3}{2 + 4b} \\[3mm] q_1^{\text{III}} = \dfrac{4 + 8b - \gamma(4b - 1)}{8(1 + 2b) - 2\gamma^2(1 + 4b)} \\[3mm] q_2^{\text{III}} = \dfrac{[2(4 - b) + 2b\gamma](1 + 2b) - \gamma^2(2 + 7b)}{2(1 + 2b)[4 - \gamma^2 + 4b(2 - \gamma^2)]} \\[3mm] q_t^{\text{III}} = \dfrac{1}{2}\left[\dfrac{b - 1}{1 + 2b} + \dfrac{4b(1 - \gamma) - 1 - \gamma}{4 - \gamma^2 + 4b(2 - \gamma^2)}\right] \end{cases} \qquad (3\text{-}37)$$

我们将（3-37）式的均衡策略代入相应参与者的利润函数，得出

$$\begin{cases} \pi_M^{\mathrm{III}} = \dfrac{13 + 4b^2(2-\gamma)^2 + 2\gamma(1-\gamma) + b(34 - 4\gamma - 11\gamma^2)}{4(1+2b)\left[4 - \gamma^2 + 4b(2-\gamma^2)\right]} \\[4mm] \pi_F^{\mathrm{III}} = \dfrac{(1+2b)(3-\gamma-\gamma^2)^2}{2\left[4 - \gamma^2 + 4b(2-\gamma^2)\right]^2} \\[4mm] \pi_t^{\mathrm{III}} = \dfrac{\left[5 + \gamma - \gamma^2 + b(2 + 6\gamma - 3\gamma^2) - 4b^2(4 - 2\gamma - \gamma^2)\right]^2}{4(1+2b)^2\left[4 - \gamma^2 + 4b(2-\gamma^2)\right]^2} \end{cases} \tag{3-38}$$

接下来我们从产品的价格和各参与者获得的利润等角度分析平行进口产生的影响。

3.6.2 平行进口的影响

在本小节中，我们将比较 N-D 模型中存在平行进口与市场完全分割时的相应变量的差异，以分析平行进口产生的影响。不难验证，各参与者的均衡策略为 $p_1^n = \dfrac{1}{2}$、$q_1^n = \dfrac{1}{2}$、$w_2^n = \dfrac{1}{2b}$、$p_2^n = \dfrac{3}{4b}$、$q_2^n = \dfrac{1}{4}$。

我们综合定理 3-6 与市场完全分割时的产品销量表达式，比较产品的市场价格，从而可得结论 3-6。

结论 3-6 与市场完全分割的情形相比较，存在平行进口时：

①当 $1 < b < \dfrac{1+\gamma}{4(1-\gamma)}$ 时，市场 1 中产品的销量 q_1 较高；当 $b > \dfrac{1+\gamma}{4(1-\gamma)}$ 时，市场 1 中产品的销量 q_1 较低。

②市场 1 中产品价格 p_1 较低。

③市场 2 中消费者购买产品的数量 q_2 较高。

④当 $1 < b < b_3$ 时，产品价格 p_2 较低；当 $b > b_3$ 时，产品价格 p_2 较高。其中，$b_3 = \dfrac{3 + \gamma - 2\gamma^2 + \sqrt{81 - 18\gamma - \gamma^2\left[53 - 2\gamma(1 + 5\gamma)\right]}}{4(3 - \gamma - \gamma^2)}$。

证明：首先，我们将（3-37）式中市场 1 授权渠道产品销量、市场 2 消费者购买产品的数量分别与市场完全分割时的产品销量进行比较如下：

$$q_1^{\text{III}} - q_1^n = \frac{4 + 8b - \gamma(4b - 1)}{8(1 + 2b) - 2\gamma^2(1 + 4b)} - \frac{1}{2}$$

$$= \frac{\gamma[1 + \gamma - 4b(1 - \gamma)]}{2[4 - \gamma^2 + 4b(2 - \gamma^2)]}$$

由上式可知，当 $1 < b < \dfrac{1 + \gamma}{4(1 - \gamma)}$ 时，$q_1^{\text{III}} - q_1^n > 0$；当 $b > \dfrac{1 + \gamma}{4(1 - \gamma)}$ 时，q_1^{III} $- q_1^n < 0$。则

$$q_2^{\text{III}} - q_2^n = \frac{[2(4 - b) + 2b\gamma](1 + 2b) - \gamma^2(2 + 7b)}{2(1 + 2b)[4 - \gamma^2 + 4b(2 - \gamma^2)]} - \frac{1}{4} > 0$$

其次，我们将（3-37）式中产品销量表达式代入需求函数，并与市场完全分割时两个市场中的产品价格进行比较如下：

$$p_1^{\text{III}} - p_1^n = \frac{-\gamma(b - 1)}{2 + 4b} < 0$$

$$p_2^{\text{III}} - p_2^n = \frac{8b^2(3 - \gamma - \gamma^2) - 4b(3 + \gamma - 2\gamma^2) - 12 + 3\gamma^2}{4b(1 + 2b)[4 - \gamma^2 + 4b(2 - \gamma^2)]}$$

$p_2^{\text{III}} - p_2^n$ 的表达式的分母恒大于 0，分子是关于参数 b 的开口向上的二次函数，其正根为

$$b_3 = \frac{3 + \gamma - 2\gamma^2 + \sqrt{81 - 18\gamma - \gamma^2[53 - 2\gamma(1 + 5\gamma)]}}{4(3 - \gamma - \gamma^2)} \geq 1$$

因此，当 $1 < b < b_3$ 时，$p_2^{\text{III}} - p_2^n < 0$；当 $b > b_3$ 时，$p_2^{\text{III}} - p_2^n > 0$。综上所述，结论 3-6 得证。

3.6.3 供应链协调

本章的 3.3 节已经给出了供应链集中化决策，这里就不再重复叙述。接下来，首先比较集中化决策情形下供应链整体利润与本节 N-D 模型中制造商与分销商 F 的总体利润差异，讨论 3.3 节中集中化决策是否能作为 N-D 模型中供应链协调的基准；然后再引入收益分享契约对供应链进行协调。

首先，我们将（3-38）式制造商和分销商 F 的总体利润与（3-19）式中集中化决策情形下供应链整体利润进行比较如下：

$$\pi^c - \pi_M^{\text{III}} - \pi_F^{\text{III}} = \frac{1}{4}\left(\frac{4-b}{1+2b} + \frac{3-2\gamma}{2-\gamma^2}\right)$$

$$- \left\{\frac{13 + 4b^2(2-\gamma)^2 + 2\gamma(1-\gamma) + b(34 - 4\gamma - 11\gamma^2)}{4(1+2b)[4-\gamma^2+4b(2-\gamma^2)]}\right.$$

$$+ \left.\frac{(1+2b)(3-\gamma-\gamma^2)^2}{2[4-\gamma^2+4b(2-\gamma^2)]^2}\right\}$$

$$= \frac{(3-\gamma-\gamma^2)^2(1+2b-b\gamma^2)}{(2-\gamma^2)[4-\gamma^2+4b(2-\gamma^2)]^2} > 0$$

由上式结果可知，集中化决策情形下供应链绩效高于分散化决策情形下制造商与分销商 F 的整体绩效，因此，我们考虑采用收益分享契约对分散化供应链进行协调。实施收益分享契约时，各事件发生的顺序：首先，制造商作为 Stackelberg 博弈的领导者以较低的批发价格为分销商 F 供货，同时决策向市场 1 中供应产品的数量；其次，分销商 F 针对其所处的市场状况制定相应的运作策略，并将 $1-\varphi$ 比例的收入返还给制造商；最后，投机者在观察到两个市场中的产品价格差异后进行套利投机。

定理 3-7 存在平行进口时，批发价格与收益分享系数满足的关系如下：

$$w_2(\varphi) = \frac{\gamma(2-\gamma)\varphi}{2(1+2b)(2-\gamma^2)} \tag{3-39}$$

且收益分享系数在 $\varphi_1 \leqslant \varphi \leqslant \varphi_2$ 范围内能实现供应链节点企业间的利益协调，其中，$\varphi_1 = \dfrac{(1+2b)^2(2-\gamma^2)^2}{[4-\gamma^2+4b(2-\gamma^2)]^2}$，$\varphi_2 = \dfrac{(1+2b)(2-\gamma^2)}{[4-\gamma^2+4b(2-\gamma^2)]}$。

证明：我们采用逆向归纳法推导定理 3-7 中的结论，以下是供应链协调机制的证明过程。

在第三阶段的博弈中，平行进口贸易商基于制造商和分销商的决策选择实现自身利润最大化的平行产品销量 q_t，从而其决策目标仍可以用（3-1）式进行描述。根据平行进口贸易商利润最大化的一阶条件，我们可求出平行进口贸易商的最优反应策略仍为（3-3）式。

在第二阶段的博弈中，分销商 F 基于制造商给定的批发价格 $w_2(\varphi)$ 和平行进口贸易商的最优反应策略（3-3）式，决策实现自身利润最大化的产品销

量 $q_2(w_2, \varphi)$，从而其决策目标可描述为

$$\max_{q_2}\pi_F = (\varphi p_2 - w_2)(q_2 + q_t) \tag{3-40}$$

我们将需求函数代入（3-40）式，并基于分销商 F 实现利润最大化的一阶条件，求出其运作策略 $q_2(w_2, \varphi)$ 为

$$q_2 = \frac{1}{2}\left(\frac{2 + b + b\gamma q_1}{1 + 2b} - \frac{bw_2}{\varphi}\right) \tag{3-41}$$

在第一阶段的博弈中，制造商基于分销商 F 和平行进口贸易商的反应策略（3-41）式和（3-3）式决策市场 1 中的产品销量 q_1 和批发价格 w_2，其决策表达式为

$$\max_{w_2, q_1}\Pi = p_1(w_2, q_1, \varphi)q_1 - p_2(w_2, q_1, \varphi)[q_2(w_2, q_1, \varphi) + q_t(w_2, q_1, \varphi)]$$

我们将需求函数、平行进口贸易商的反应策略以及分销商 F 的反应策略的表达式代入上式，并依据最优化决策的一阶条件可求得

$$\begin{cases} w_2 = \dfrac{\gamma(2 - \gamma)\varphi}{2(1 + 2b)(2 - \gamma^2)} \\ q_1 = \dfrac{2 - \gamma}{2(2 - \gamma^2)} \end{cases} \tag{3-42}$$

实践中，要使得所设计的协调契约能够被实施，我们需保证实施该协调契约时，制造商与两个市场中的分销商的绩效都能达到帕累托改进。因此，我们将探讨该协调契约的可实施性。

我们将需求函数、（3-41）式以及（3-42）式代入各参与者的利润函数可得

$$\begin{cases} \pi_F = \dfrac{(3 - \gamma - \gamma^2)^2\varphi}{2(1 + 2b)(2 - \gamma^2)^2} \\ \pi_M = \dfrac{1}{4}\left(\dfrac{4 - b}{1 + 2b} + \dfrac{3 - 2\gamma}{2 - \gamma^2}\right) - \dfrac{(3 - \gamma - \gamma^2)^2\varphi}{2(1 + 2b)(2 - \gamma^2)^2} \end{cases} \tag{3-43}$$

要使（3-39）式的协调机制得以实施，需满足条件如下：

$$\begin{cases} \pi_F \geq \pi_F^{\mathrm{III}} \\ \pi_M \geq \pi_M^{\mathrm{III}} \end{cases}$$

我们将 (3-38) 式和 (3-43) 式同时代入上式，由 $\pi_F \geq \pi_F^{\text{III}}$ 得出 $\varphi \geq \varphi_1$，由 $\pi_M \geq \pi_M^{\text{III}}$ 得出 $\varphi \leq \varphi_2$。因此，在实施 (3-39) 式中的协调机制时，供应链节点企业都能实现帕累托改进的收益分享系数的有效区间为 $\varphi_1 \leq \varphi \leq \varphi_2$，其中，$\varphi_1 = \dfrac{(1+2b)^2(2-\gamma^2)^2}{[4-\gamma^2+4b(2-\gamma^2)]^2}$，$\varphi_2 = \dfrac{(1+2b)(2-\gamma^2)}{[4-\gamma^2+4b(2-\gamma^2)]}$。

定理 3-7 给出了 N-D 模型中供应链的协调策略。实施该协调机制时，制造商无须单独设定批发价格，只需与分销商 F 协商好收益分享比例 φ，然后根据 (3-39) 式确定相应的批发价格即可。由 (3-39) 式的协调机制可知，制造商针对分销商 F 制定的批发价格随受益分享比例的提高而增大。直觉上，受益分享比例 φ 越大，制造商能分享的收入也就越低，因此，制造商为保证自身利益，将会制定更高的批发价格。现实中，供应链的协调机制能够被采纳，一方面要求供应链整体绩效能有所提升，另一方面要求供应链中各参与者的绩效都能实现帕累托改进。而定理 3-7 的后半部分给出了供应链节点企业实现绩效帕累托改进的收益分享系数的有效区间。对比定理 3-3、定理 3-5 以及定理 3-7 可知，制造商针对分销商 D 或分销商 F 制定的收益分享合同中，批发价格与收益分享系数的关系相同，不同的是实现供应链协调的收益分享系数取值的有效区间。

3.7 数值分析

平行进口贸易商的套利行为与市场 1 中两类产品的替代系数 γ 密切相关，并且我们很难通过解析式对相关表达式进行分析。因此，本小节将通过数值分析对以下两个方面进行探讨：①不同情形下供应链的利润与参数 γ 的关系；②不同情形下平行产品的销量与参数 γ 的关系。

首先，我们将 $b=2$ 分别代入 D-F 模型、N-F 模型以及 N-D 模型中供应链整体利润表达式，并考虑 γ 在 $(0, 1]$ 内变化，存在平行进口时三种模型中供应链整体利润与参数 γ 的关系如图 3-4 所示。

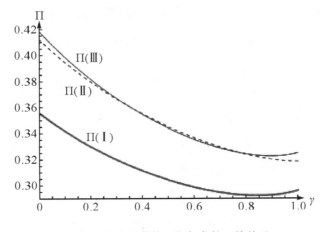

图 3-4　供应链整体利润与参数 γ 的关系

图 3-4 给出了供应链整体利润与系数 γ 的关系。从图中可以看出：①随着替代系数 γ 的增加，供应链整体利润均是先减小后增加，且整体利润呈降低趋势。事实上，替代系数 γ 的增加表明市场 1 中两类产品的竞争程度加剧，平行进口拓展新的潜在顾客的购买能力较弱，同时平行进口对市场 1 中授权渠道产品的市场份额侵蚀程度较强，因此，供应链的整体利润随替代系数的增加而降低；当替代系数 r 大于一定值时，制造商将调节批发价格以抑制平行进口，从而供应链整体利润受到平行进口的影响程度减弱，故整体利润随后上升。②本章 D-F 模型中供应链整体利润最低；当替代系数 $\gamma < \gamma_1$ 或 $\gamma > \gamma_2$ 时，N-D 模型中供应链整体利润大于 N-F 模型中供应链整体利润，即 $\Pi(\mathrm{III}) > \Pi(\mathrm{II})$；当替代系数 $\gamma_1 < \gamma < \gamma_2$ 时，N-D 模型中供应链整体利润小于 N-F 模型中供应链整体利润，即 $\Pi(\mathrm{III}) < \Pi(\mathrm{II})$〔这里通过比较 N-F 模型和 N-D 模型的供应链整体利润，以 $\Pi(\mathrm{III}) = \Pi(\mathrm{II})$ 求出 γ_1 和 γ_2〕。③本章对 3 种结构供应链进行协调，当替代系数 $\gamma < \gamma_1$ 或 $\gamma > \gamma_2$ 时，收益分享契约对供应链绩效提升的效率对比情况为 $\Delta\Pi(\mathrm{III}) < \Delta\Pi(\mathrm{II}) < \Delta\Pi(\mathrm{I})$；当替代系数 $\gamma_1 < \gamma < \gamma_2$ 时，收益分享契约对供应链绩效提升的效率对比情况为 $\Delta\Pi(\mathrm{II}) < \Delta\Pi(\mathrm{III}) < \Delta\Pi(\mathrm{I})$。

不同情形下，平行产品的销量与参数 γ 的关系如图3-5所示。从图3-5中可以看出，几种情形下平行产品的销量均随替代系数 r 的增加而呈现降低的趋势，且集中化决策情形中平行产品的销量不属于几种情形中最大或最小的情况。首先，随着替代系数 r 的增加，市场1中两类产品的竞争程度增强，平行进口拓展新的潜在市场的能力减弱，因此，平行产品的销量将降低。其次，当替代系数 γ 较小时，集中化决策情形下平行产品的销量要大于本章 D-F 模型中平行产品的销量，即 $q_t^c > q_t^{\mathrm{I}}$；当替代系数 γ 较大时，集中化决策情形下平行产品的销量要小于本章 D-F 模型中平行产品的销量，即 $q_t^c < q_t^{\mathrm{I}}$。这是因为，当替代系数 γ 较小时，平行进口拓展潜在客户的能力较强，此时平行进口对制造商是有利的，集中化决策情形下平行产品的销量将较大，即 $q_t^c > q_t^{\mathrm{I}}$；当替代系数 γ 较大时，平行产品对市场1中授权渠道产品市场份额的侵蚀作用占主导，与 D-F 模型的完全分散化情形相比较，集中化决策情形下制造商能更好地抑制平行进口，即 $q_t^c < q_t^{\mathrm{I}}$。

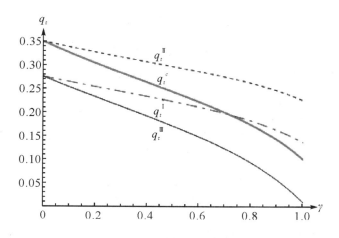

图3-5　平行产品的销量与参数 γ 的关系

3.8 本章小结

首先，本章考虑由一个制造商和两个分别处于不同国家市场的分销商组成的供应链，并且市场间存在独立的平行进口贸易商进行平行进口贸易情况，研究了制造商、分销商及平行进口贸易商构成的三阶段 Stackelberg 博弈模型。本章运用逆向归纳法求解了制造商、分销商及平行进口贸易商的运作策略。本章通过比较市场均衡时，存在平行进口与市场完全分割时各参与者的运作策略及其所获得的利润，分析平行进口带来的影响。进一步，本章以供应链集中化决策为基准，引入收益分享契约对该供应链进行协调，并给出能实现供应链协调并且制造商和分销商能均能达到帕累托改进的收益分享系数的有效区间。研究结论表明，①与两个市场完全分割的情形相比，平行进口一定能削弱制造商与分销商 D 之间双重边际效应，即市场 1 中产品的市场价格降低，而制造商与分销商 F 之间的双重边际效应在满足一定条件时被削弱；②平行进口一定会使得分销商 D 的利润降低，但是并不一定能增加分销商 F 和制造商的利润；③进行供应链集中化决策时供应链整体利润较高，采用收益分享合同能实现平行进口贸易环境下供应链的协调。

其次，借鉴以往的研究并基于模型结构的完备性考虑，本章将供应链结构拓展为以下两种情形：①制造商在市场 1 中通过分销商销售产品，在市场 2 中直接销售产品的情形；②制造商在市场 1 中直接销售产品，在市场 2 中通过分销商销售产品的情形。我们对模型进行求解，得出平行进口贸易环境下 N-D 模型和 N-F 模型中制造商、分销商及平行进口贸易商的运作决策，并进行相应的比较分析。进一步，本章以供应链集中化决策为基准，引入收益分享契约，对拓展模型中分散化供应链进行协调，给出能实现供应链协调并且制造商和分销商能均能达到帕累托改进的收益分享系数的有效区间。研究表明，①在对三种模型的分散化供应链进行协调时，制造商对分销商 D 或分销商 F 的收益分享合同中，批发价格与收益分享系数的关系相同，不同的是实现供应链协调的收益分享系数取值的有效区间。②采用收益分享合同对供应链进行协调使得供应链绩效提升的效率如下，D-F 模型供应链绩效提升的效率最大，当替代系数较小或较大时，N-D 模型供应链绩效提升的效率小于 N-F 模型供应链绩效提升的效率；当替代系数较大时，结果相反。

4 仅授权分销商参与平行进口贸易时供应链运营决策及协调机制研究

毕马威会计师事务所的调查研究表明，现实中有很多授权分销商直接参与平行进口，并且由于法律规定某些行业（如医药）不允许独立平行进口贸易商转运产品进行套利[201]。因此，本章将研究仅授权分销商参与平行进口贸易时，供应链的运作决策问题，并采用两部定价合同提升供应链绩效以实现供应链协调。类似于本书第3章的研究，本章考虑由一个制造商和两个处于不同国家市场中的分销商组成的供应链。与上一章的区别是，在本章中：其中一个授权分销商将其产品转运至另一个市场中销售。首先，本章研究批发价格合同下供应链节点企业的运作决策，并分析各参与者的最优运作策略和相应利润的一些重要性质。其次，在此基础之上引入两部定价合同改善供应链绩效以实现供应链协调，并给出两部定价合同有效实施的条件。最后，基于模型完备性考虑，本章将研究制造商在其中一个市场中直接销售产品的情形，即"由一个制造商和一个与其处于不同国家市场中的分销商组成的供应链"。其中，制造商不仅为分销商供应产品，同时还在其所处的市场直接销售产品；分销商不仅在其所处的市场中销售产品，同时还参与平行进口贸易。

本章接下来的结构安排为：4.1节为模型描述；4.2节为D-F模型在批发价格合同下的均衡决策；4.3节为使用两部定价合同对D-F模型进行协调；4.4节考虑制造商在市场1中直接销售产品，在市场2中通过分销商销售产品的情形，即N-D模型；4.5节为讨论，讨论本章D-F模型与N-D模型中市场均衡时各参与者的运作策略差异、本章模型与第3章相应模型在市场均衡时相应的运作策略差异，并给出相关管理意义。

4.1 模型描述

考虑制造商 M 作为上游企业生产一种产品，并授权两个分销商分别在弹性不同国家市场（记为"市场1"和"市场2"）中销售产品。两个分销商（记为"D"和"F"）作为下游企业向制造商 M 订购产品，并销售产品以获取利润。假设两个市场完全分割时的线性需求函数①分别为 $Q_1 = 1 - p_1$、$Q_2 = 1 - bp_2$，其中市场规模标准化为1，b 为市场2的弹性系数（$b > 1$），Q_i 为市场 i 中产品的需求量。由于在下文中考虑授权渠道产品与平行产品进行数量竞争，因此，我们将如上需求函数转换为逆需求函数：$p_1 = 1 - Q_1$、$p_2 = (1 - Q_2)/b$ [68]。

由于不同市场间存在差异，给平行进口贸易商带来套利机会，我们进一步假定分销商 F 将产品销售到授权区域之外（市场1中）进行套利，市场1中授权渠道产品与平行产品进行数量竞争（存在平行进口时 D-F 模型的供应链结构图如图4-1）。当市场1中授权渠道产品与平行产品共存时，本章借鉴文献[44] 对平行进口情形下市场1中两类产品的需求函数刻画如下：

$$p_i = 1 - q_i - \gamma q_j \quad i, j = 1, t \quad 且 i \neq j$$

其中，p_i 为相应的产品价格；q_i 为相应的产品销量；γ 为替代系数，可表征两类产品的差异程度②（包括消费者对产品价值的认知、售后服务和外观等）；下标1为市场1中与授权渠道产品相对应的指标；下标 t 为与平行产品相对应的指标。事实上，平行产品仅为市场1中消费者提供另外的供应渠道，平行产品

---

① 本章采用形式为 $q_i = a_i - b_i p_i$ 的线性函数刻画市场需求，为了体现不同市场的差异性，并为方便后文的比较，假设市场规模标准化模为1，市场1的弹性系数为1，则市场2的弹性系数可以体现两个市场的相对关系。

② 一般来说，对于消费者而言，灰市产品与授权渠道产品未必是等同的，如现实中销往不同国家的同款汽车的配置有差异等。

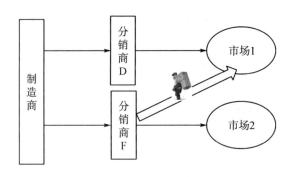

图 4-1　D-F 模型的供应链结构图

途经市场 2 流向市场 1，最终在市场 1 中被消费，从而影响市场 1 的需求函数但是不影响市场 2 的需求函数[44]。因此，市场 2 中产品逆需求函数为 $p_2 = (1 - q_2)/b$，其中 q_2 表示市场 2 中消费者的实际需求。

假设制造商、分销商以及平行进口贸易商都是追求自身利益最大化的理性决策者，并且事件按下面的顺序发生。

首先，制造商基于自身利润最大化，分别对分销商 D 和分销商 F 制定批发价格策略；

其次，分销商 D 根据制造商的批发价格和预期的市场状态，并基于自身利润最大化而决策其产品销量；

最后，分销商 F 根据批发价格并在观察到分销商 D 的决策之后，基于自身利润最大化决策其授权渠道的产品和平行产品的销量。

为了便于分析，本章还假定：①市场信息是完全的，分销商的订货量刚好满足需求；②生产、销售和库存成本忽略不计[42,71]，分销商 F 的平行进口贸易成本为 t。

本章所用到符号说明如下：

符号 Ⅰ 和 Ⅱ 分别表示 D-F 模型与 N-D 模型中相应的指标变量；

上标表示采用两部定价合同时相应的指标变量；

参数 T 表示两部定价合同中的固定费用；

符号 π_i 表示参与者 i 的利润，$i = M, D, F$；

符号 w_i 表示制造商分别对分销商 D 和 F 制定的批发价格，$i=1$，2。

4.2 D-F 模型在批发价格合同下的均衡策略

批发价格合同是现实中供应链节点企业间采用的一种最常见的合同形式，供应链中各成员分别属于不同的经济实体，有各自的利益诉求，他们往往基于自身利润最大化进行决策。本节讨论批发价格合同下，制造商和分销商的最优运作策略问题。批发价格合同下，制造商、分销商 D 以及分销商 F 基于各自利益最大化的决策构成了一个三阶段的 Stackelberg 博弈模型。根据事件的发生顺序，博弈模型被划分三个阶段：首先，制造商以自身利益最大化为目标分别对分销商 D 和分销商 F 制定批发价格 w_1 和 w_2；其次，分销商 D 在制造商给定的批发价格下和基于平行进口贸易商的反应策略，以自身利益最大化为目标决策市场 1 中的产品销量 q_1；最后，分销商 F 基于制造商和分销商 D 的决策确定市场 2 中产品销量 q_2 和平行产品的销量 q_t。与前一章类似，我们采用逆向归纳法求解。

4.2.1 分销商 F 的反应策略

在第三阶段的博弈中，对于给定的批发价格 w_2，并在观察到分销商 D 的决策的情况下，分销商 F 选择产品最优销量 q_2 和 q_t 以最大化其利润，从而其决策目标可描述为

$$\max_{q_2, q_t} \pi_F = q_t(1 - q_t - \gamma q_1) + q_2(\frac{1 - q_2}{b}) - w_2(q_2 + q_t) - t q_t \qquad (4-1)$$

根据（4-1）式，对 π_F 分别求产品销量 q_2 和 q_t 的一阶导数为

$$\begin{cases} \dfrac{\partial \pi_F}{\partial q_2} = \dfrac{1 - 2q_2 - bw_2}{b} \\[3mm] \dfrac{\partial \pi_F}{\partial q_t} = 1 - \gamma q_1 - 2q_t - w_2 - t \end{cases}$$

从上式中可以明显看出 $(\frac{\partial^2 \pi_F}{\partial q_2^2} < 0)$ 和 $(\frac{\partial^2 \pi_F}{\partial q_t^2} < 0)$ ，这就表明分销商 F 的利润函数 π_F 是产品销量 q_2 和 q_t 的凹函数。因此，对于给定的制造商与分销商 D 的运作策略，分销商 F 的最优产品销量满足一阶条件等式 $\frac{\partial \pi_F}{\partial q_2} = 0$ 和 $\frac{\partial \pi_F}{\partial q_t} = 0$ ，由此我们可求出分销商 F 的最优反应策略为

$$\begin{cases} q_2 = \dfrac{1}{2}(1 - bw_2) \\ q_t = \dfrac{1}{2}(1 - \gamma q_1 - w_2 - t) \end{cases} \qquad (4\text{-}2)$$

（4-2）式给出了分销商 F 的最优决策，即关于制造商给定的批发价格 w_2 和分销商 D 的最优产品销量 q_1 的反应函数。对该式进行分析可知，分销商 F 的最优产品销量 q_2 与分销商 D 的决策没有直接关系，仅随批发价格 w_2 的增加而减小；其参与平行进口贸易的产品销量 q_t 与分销商 D 的产品销量 q_1 和批发价格 w_2 均呈负向变动关系。这一点不难理解，一方面，分销商 F 在市场 2 中仅基于制造商的批发价格进行决策；另一方面，分销商 F 销往市场 1 中平行产品的成本是批发价格 w_2 加上平行产品的转运成本 t ，并且平行产品在市场 1 中与分销商 D 的授权渠道产品进行竞争。

4.2.2 分销商 D 的反应策略

在第二阶段博弈中，对于给定的批发价格 w_1 ，并基于分销商 F 的最优反应策略，分销商 D 选择其最优订货量以最大化其利润，其目标可描述为

$$\max_{q_1} \pi_D = q_1(1 - q_1 - \gamma q_t) - w_1 q_1 \qquad (4\text{-}3)$$

我们构造 Lagrange 函数，利用分销商 D 最优化决策的一阶条件，求出其最优订货量表达式，将分销商 D 的最优订货量表达式代入（4-2）式，得出分销商 F 的订货量表达式。综上所述，我们得出引理 4-1。

引理 4-1 平行进口下分销商 D 和分销商 F 的最优反应策略表达式为

$$\begin{cases} q_1 = \dfrac{2 - \gamma - 2w_1 + \gamma(w_2 + t)}{2(2 - \gamma^2)} \\[4mm] q_2 = \dfrac{1 - bw_2}{2} \\[4mm] q_t = \dfrac{(4 - \gamma^2)[1 - (w_2 + t)] - 2\gamma(1 - w_1)}{4(2 - \gamma^2)} \end{cases} \qquad (4\text{-}4)$$

引理 4-1 给出了分销商 D 和分销商 F 的最优反应策略。从上式可以看出，平行进口下分销商 D 的销量受到纵向竞争和平行产品的横向竞争这两种因素的影响。首先，q_1 与批发价格 w_1 呈负向变动关系，这是由于供应链中纵向双重边际效应的影响。其次，q_1 与批发价格 w_2 和投机成本 t 呈正向变动关系，这是因为平行产品在市场 1 中的竞争力将随着其成本 $w_2 + t$ 的增加而被削弱，市场 1 中授权渠道产品的竞争力相对增强，因此，分销商 D 的产品销量 q_1 随 $w_2 + t$ 的增加而增大。

分销商 F 的销售收入包含两部分：一部分是其在市场 2 中的销售收入，一部分是其销售平行产品的收入。事实上，分销商 F 在市场 2 中的决策仅与制造商的批发价格有关。而分销商 F 的平行进口贸易行为同样受到纵向竞争和来自平行产品的横向竞争这两种因素的影响。首先，平行产品在市场 1 中的竞争力将随着其成本 $w_2 + t$ 的增加而被削弱。因此，平行产品销量 q_t 与其成本 $w_2 + t$ 呈负向变动关系，这是纵向双重边际效应的影响。其次，当制造商对于分销商 D 制定的批发价格升高，市场 1 中授权渠道产品的竞争力减弱，而平行产品在市场 1 中的竞争力就相对增强，因此，平行产品的销量 q_t 随批发价格 w_1 增加而增大。

4.2.3　制造商的批发价格决策

在第一阶段博弈中，基于分销商 D 和 F 的最优反应策略（4-4）式，制造商 M 决策最优批发价格 w_1 和 w_2 以最大化其利润，其决策目标可描述为

$$\max_{w_1, w_2} \pi_M = w_1 q_1 + w_2(q_2 + q_t) \qquad (4\text{-}5)$$

我们将（4-4）式代入制造商的决策表达式中，并利用其最优化决策的一

阶条件可得引理 4-2。

引理 4-2 平行进口下制造商 M 的最优批发价格策略为

$$\begin{cases} w_1^{\mathrm{I}} = \dfrac{1}{4}\big[\,2 + \gamma(\dfrac{1 + bt - b}{b + 1})\,\big] \\ w_2^{\mathrm{I}} = \dfrac{2 - t}{2 + 2b} \end{cases} \quad (4\text{-}6)$$

引理 4-2 给出了存在批发价合同的情况下，存在平行进口时制造商利润最大化的批发价格表达式。由（4-6）式可知，当市场 2 中产品需求弹性系数较小（$b < \dfrac{1}{1 - t}$）时，批发价格 w_1^{I} 与替代系数 γ 呈正向变动关系。直觉上，在市场 2 中产品需求弹性系数较小时，批发价格 w_2^{I} 较高，此时供应链中纵向双重边际效应导致绩效降低的因素占主导作用，平行产品的流入使得制造商对分销商 D 的市场影响力相对增强，制造商可以提高批发价格以获取更多的利润。因此，当市场 2 中产品需求弹性系数较小（$b < \dfrac{1}{1 - t}$）时，批发价格 w_1^{I} 随替代系数 γ 的增加而增大。当市场 2 中产品的需求弹性系数较大（$b > \dfrac{1}{1 - t}$）时，批发价格 w_1^{I} 与替代系数 γ 呈负向变动关系。直觉上，在市场 2 中产品需求弹性系数较大时，批发价格 w_2^{I} 较小，此时平行产品与市场 1 中授权渠道产品的同品牌产品的内部竞争效应占主导作用，即市场 1 中授权渠道产品的市场份额受到平行产品的影响，制造商将降低批发价格以增强市场 1 中授权渠道产品的竞争力。因此，当市场 2 中产品需求弹性系数较大（$b > \dfrac{1}{1 - t}$）时，批发价格 w_1^{I} 随替代系数 γ 的增加而降低。此外，上式表明批发价格 w_2^{I} 与替代系数 γ 无关。这是因为批发价合同下，平行产品对市场 1 中授权渠道产品的冲击是由分销商 D 承担。我们将（4-6）式代入（4-4）式，可得出定理 4-1。

定理 4-1 仅授权分销商 F 参与平行进口贸易时，市场 1 中授权渠道产品销量、市场 2 中产品销量及平行产品销量分别为

$$\begin{cases} q_1^{\mathrm{I}} = \dfrac{2 - \gamma(1 - t)}{4(2 - \gamma^2)} \\[3mm] q_2^{\mathrm{I}} = \dfrac{2 + bt}{4 + 4b} \\[3mm] q_t^{\mathrm{I}} = \dfrac{b[8 - 2\gamma - 3\gamma^2 - t(8 - 3\gamma^2)] - (2 - \gamma)(\gamma + \gamma t + 2t)}{8(1 + b)(2 - \gamma^2)} \end{cases} \qquad (4\text{-}7)$$

定理 4-1 给出了存在批发价合同情况下市场均衡时市场 1 和市场 2 中的产品销量。我们将（4-6）式、（4-7）式代入各参与者的利润函数得出

$$\begin{cases} \pi_M^{\mathrm{I}} = \dfrac{(2 + \gamma)[10 - 8t + 6\gamma t - 7\gamma + (2 - \gamma)t^2] + b[2 - \gamma(1 - t)]^2}{16(1 + b)(2 - \gamma^2)} \\[3mm] \pi_D^{\mathrm{I}} = \dfrac{[2 - \gamma(1 - t)]^2}{32(2 - \gamma^2)} \\[3mm] \pi_F^{\mathrm{I}} = \dfrac{\{b[8(1 - t) - 2\gamma - 3\gamma^2(1 - t)] - (2 - \gamma)(\gamma + \gamma t + 2t)\}^2}{64(1 + b)^2(2 - \gamma^2)^2} + \dfrac{(2 + bt)^2}{16b(1 + b)^2} \end{cases} \qquad (4\text{-}8)$$

4.2.4 平行进口的影响

接下来，我们将借助前几节中得出市场均衡下各参与者的均衡策略及利润表达式来分析平行进口的影响，并与文献［31］（假定市场 1 中授权分销商与平行进口贸易商是同时决策）的相关结论进行比较。综合引理 4-1、4-2 和定理 4-1，我们得出以下结论。

结论 4-1 随着投机成本 t 的增加：

①批发价格 w_1^{I} 增大，市场 1 中授权渠道产品销量 q_1^{I} 增加；

②批发价格 w_2^{I} 减小，市场 2 中产品销量 q_2^{I} 增加，平行产品销量 q_t^{I} 减少。

证明：首先针对（4-6）式中批发价格求出关于投机成本 t 的一阶导数分别为

$$\begin{cases} \dfrac{\partial w_1^{\mathrm{I}}}{\partial t} = \dfrac{b\gamma}{4(b + 1)} > 0 \\[3mm] \dfrac{\partial w_2^{\mathrm{I}}}{\partial t} = -\dfrac{1}{2 + 2b} < 0 \end{cases}$$

其次针对（4-7）式中产品销量求出关于投机成本 t 的一阶导数分别为

$$\begin{cases} \dfrac{\partial q_1^1}{\partial t} = \dfrac{\gamma}{4(2-\gamma^2)} > 0 \\[3mm] \dfrac{\partial q_2^1}{\partial t} = \dfrac{b}{4+4b} > 0 \\[3mm] \dfrac{\partial q_t^1}{\partial t} = -\dfrac{\left[b(8-3\gamma^2)+(4-\gamma^2)\right]}{8(1+b)(2-\gamma^2)} < 0 \end{cases}$$

综合批发价格对投机成本的一阶导数及产品销量对投机成本的一阶导数可知，制造商针对分销商 D 制定的批发价格 w_1^1 是投机成本 t 的增函数，制造商对分销商 F 制定的批发价格 w_2^1 是投机成本 t 的减函数；市场 1 中授权渠道产品的销量 q_1^1 是投机成本 t 的增函数，市场 1 中平行产品的销量是投机成本 t 的减函数，市场 2 中产品的销量 q_2^1 是投机成本 t 的增函数。证毕。

结论 4-1 给出了批发价合同下投机成本对批发价格和产品销量的影响。然而，批发价格 w_1^1 与市场 1 中授权渠道产品的销量 q_1^1 均随投机成本 t 的增加而增大，这一结论似乎与人们的经济直觉不太一致。事实上，本章模型中分销商 D 的销量 q_1^1 不仅受纵向竞争的影响，而且还受到来自平行产品的横向竞争因素的影响。随着平行进口贸易成本的增加，一方面，市场 1 中授权渠道产品与平行产品的横向竞争力得到削弱，因此，市场 1 中授权渠道产品的销量 q_1^1 将提升；另一方面，制造商将通过提高批发价格 w_1^1，使得平行产品销量减少，导致市场 1 中授权渠道产品销售收益部分提升。此外，对于分销商 F 在市场 1 中销售平行产品而言，平行进口贸易成本的增大加剧了纵向双重边际效应，因此，市场 1 中平行产品销量 q_t^1 随投机成本 t 的增加而减小。另外，为了更清楚地进行理解，研究将从极端情形来解释"批发价格 w_2^1 随着投机成本 t 的增加而减小"的原因。

模型中平行产品的总成本由批发价格 w_2^1 和投机成本 t 两部分构成，即 $w_2^1 + t$。首先，假定当分销商 F 进行平行进口贸易时不产生任何成本，平行产品将很容易对市场 1 中授权渠道产品造成冲击。因此，制造商将制定一个较高的批发价格 w_2^1 以减轻平行产品对市场 1 中授权渠道产品的冲击。其次，当分销商 F 进行平行进口贸易的成本充分大，随着投机成本 t 的增加，制造商将降低原来制定的批发价格 w_2^1，不仅不会增强平行产品对市场 1 中授权渠道产品的冲击，同时还能减弱制造商与分销商 F 之间的纵向双重边际效应。综上分析可知，批发价格 w_2^1 随投机成本 t 的增加而减小。

我们将本章平行进口贸易环境下产品的价格与市场完全分割时的产品价格相比较再将本章平行进口贸易环境下产品的价格与文献［31］中授权分销商与平行进口贸易商序贯决策下的结果进行比较，得出结论 4-2。

结论 4-2 批发价格合同下：

①平行产品的流入将削弱制造商与分销商 D 之间的纵向双重边际效应；

②与分销商 D 和平行进口贸易商同时决策对比，序贯决策下制造商与分销商 D 之间的双重边际效应较弱。

证明：首先将（4-7）式代入产品价格表达式 p_1^1 得

$$p_1^1 = \frac{3}{4} - \gamma \frac{3b(1-t) - (1+t)}{8(1+b)}$$

这里指出，文献［31］假定授权分销商与平行进口贸易商是同时决策的，并且考虑平行产品与授权渠道产品是完全替代关系。而本章是在二者序贯决策的情形下，考虑这两类产品具有不完全替代关系[44]。很容易求出在文献［31］中，当两类产品不完全替代时存在批发价合同情况下，市场 1 中授权渠道产品的价格（s）为

$$p_1^s = \frac{12 + b(6 - \gamma^2)[2 - (1-t)\gamma] + \gamma[2(1+t) - \gamma(2+\gamma)]}{4(1+b)(4-\gamma^2)}$$

存在批发价合同情况下分销商 D 与投机者序贯决策及二者同时决策，市场 1 中授权渠道产品价格差距为

$$\Delta p = p_1^1 - p_1^s = -\frac{\gamma^2[2 - (1-t)\gamma]}{8(4-\gamma^2)} < 0$$

这就意味着，本章中平行进口贸易环境下市场 1 中授权渠道产品的价格小于市场完全分割时的产品价格，本章中平行进口贸易环境下市场 1 中授权渠道产品的价格小于授权分销商与平行进口贸易商序贯决策情况下的市场 1 中产品

价格。证毕。

结论 4-2 给出了制造商与分销商 D 之间的纵向双重边际效应在不同情形下的差异。事实上，纵向双重边际效应是供应链分散化决策时节点企业的双重加价行为造成的。从（4-6）式可知，首先当市场 2 中产品的需求弹性系数 $b > \dfrac{1}{1-t}$ 时，制造商制定的批发价格 w_1^I 将比平行进口不存在时要低；其次当市场 2 中产品需求弹性系数（$b < \dfrac{1}{1-t}$）时，虽然制造商制定的批发价格 w_1^I 将比不存在平行进口时要高，但是由于市场 1 中存在平行产品与授权渠道产品的竞争，从而制约了分销商 D 的加价行为，即 $\Delta p < 0$。

接下来我们将分析替代系数 γ 对产品销量及制造商利润的影响，将市场 1 中授权渠道产品价格、产品销量以及制造商的利润对替代系数 γ 求出其一阶导数，通过分析可得结论 4-3。

结论 4-3 批发价格合同下随着替代系数 γ 的增加：

①市场 1 中授权渠道产品的价格 p_1^I 降低，分销商 D 的产品销量 q_1^I 降低；

②平行产品的销量 q_t^I 降低，制造商的利润 π_M^I 也降低。

证明：首先将市场 1 中授权渠道产品价格 p_1^I 对替代系数 γ 求一阶导数得

$$\frac{\partial p_1^I}{\partial \gamma} = -\frac{3b - 1 - 2t}{8(1+b)} < 0$$

由以上表达式可知，市场 1 中授权渠道产品价格 p_1^I 与替代系数 γ 是负向变动关系。我们将（4-7）式市场 1 中授权渠道产品的销量 q_1^I 对替代系数 γ 求一阶导数得

$$\frac{\partial q_1^I}{\partial \gamma} = -\frac{1-t}{8 - 4\gamma^2} < 0$$

由以上表达式可知，市场 1 中授权渠道产品销量 q_1^I 与替代系数 γ 是负向变动关系。我们将（4-7）式市场 1 中平行产品的销量 q_t^I 对替代系数 γ 求一阶导数得

$$\frac{\partial q_t^{\mathrm{I}}}{\partial \gamma} = -\frac{2 - \gamma(2 - 2t - \gamma)}{4(2 - \gamma^2)^2} < 0$$

由以上表达式可知，市场 1 中平行产品的销量 q_t^{I} 与替代系数 γ 呈负向变动关系。我们将（4-8）式制造商的利润表达式对替代系数 γ 求一阶导数得

$$\frac{\partial \pi_M^{\mathrm{I}}}{\partial \gamma} = -\frac{(1 - t - \gamma)[2 - \gamma(1 - t)]}{4(2 - \gamma^2)^2} < 0$$

由以上表达式可知，平行进口贸易环境下制造商的利润 π_M^{I} 与替代系数 γ 呈负向变动关系。

综上所述，市场 1 中授权渠道产品价格、产品销量以及制造商的利润对替代系数 γ 的关系如结论 4-3 所述。证毕。

结论 4-3 给出了市场 1 中授权渠道产品价格、产品销量以及制造商的利润与替代系数 γ 之间的关系。事实上，替代系数 γ 的影响有两方面：首先替代系数 γ 越大，市场 1 中两类产品的横向竞争越激烈，制造商与分销商 D 之间的纵向双重边际效应越弱（$\frac{\partial p_1^{\mathrm{I}}}{\partial \gamma} < 0$）；其次替代系数 γ 越大，市场 1 中两类产品的横向竞争越激烈，平行产品对市场 1 中授权渠道产品的市场份额的侵蚀程度越严重，所以市场 1 中授权渠道产品的销量越小（$\frac{\partial q_1^{\mathrm{I}}}{\partial \gamma} < 0$）。虽然替代系数 γ 的增加表明市场 1 中平行产品的竞争能力相对增强，但是分销商 D 已经考虑到了平行进口贸易商的策略性反应，以至于平行产品的销量也是减小的（$\frac{\partial q_t^{\mathrm{I}}}{\partial \gamma} < 0$）。对于制造商而言，当替代系数 γ 较小时，表明平行产品为制造商拓展了新的潜在市场，而随着替代系数 γ 增大，表明平行进口拓展新的潜在市场的能力降低，同时对市场 1 中授权渠道产品的市场份额侵蚀程度增强，所以替代系数 γ 越大，制造商的利润越低。结论 4-3 提供的管理启示有，存在平行进口时，制造商可以通过向不同国家的市场提供差异性产品以获得更高的利润，并且产品的差异性越大，其利润越高。

接下来，我们将市场 1 中授权分销商与平行进口贸易商序贯决策下的均衡

策略及利润与二者同时决策下的均衡策略及利润进行比较。通过比较，我们可得结论4-4。

结论4-4 存在批发价格合同情况下，与分销商 D 和投机者同时决策情形相比，二者序贯决策情形下：

①制造商的最优批发价策略（w_1^I，w_2^I）不变，产品总销量 $q_1^I + q_2^I + q_t^I$ 较大；

②制造商（分销商 D）的利润较高，分销商 F 的利润较低。

证明：根据文献［31］可知，分销商 D 与投机者同时决策，存在批发价格合同情况下，各参与者的均衡策略及相应利润分别如下：

制造商的最优批发价格分别为 $w_1^s = \dfrac{3 + b(1 + t)}{4(1 + b)}$、$w_2^s = \dfrac{2 - t}{2(1 + b)}$。

市场 1 和市场 2 中授权渠道产品销量分别为 $q_1^s = \dfrac{1 + t}{6}$、$q_2^s = \dfrac{2 + bt}{4(1 + b)}$。

平行产品的销量为 $q_t^s = \dfrac{(5 - 7t)b - 1 - 4t}{12(1 + b)}$。

制造商、分销商 D 及分销商 F 的利润分别为：$\pi_M^s = \dfrac{13 + b - 2t(5 - b) + (4 + b)t^2}{24(1 + b)}$、$\pi_D^s = \dfrac{(1 + t)^2}{36}$、$\pi_F^s = \dfrac{[(7t - 5)b + 4t + 1]^2}{144(1 + b)^2} + \dfrac{(2 + bt)^2}{16b(1 + b)^2}$。

文献［31］中假定平行进口产品与授权渠道产品是完全相同的，即替代系数为 1。

首先，令（4-6）式中替代系数 γ 为 1，得出分销商 D 和投机者序贯决策情形下，制造商的批发价格分别为

$$\begin{cases} w_1^I = \dfrac{3 + b(1 + t)}{4(1 + b)} \\ w_2^I = \dfrac{2 - t}{2(1 + b)} \end{cases}$$

将上式与分销商 D 和投机者同时决策情形中的批发价格相比可得

$$w_i^{\mathrm{I}} = w_i^s \quad i = 1,\ 2$$

进一步令（4-7）式、（4-8）式中替代系数 γ 为 1，并与序贯决策情形下相应的指标相减得

$$\begin{cases} \Delta \sum q_i > 0 \\ \Delta \pi_M > 0 \\ \Delta \pi_D > 0 \\ \Delta \pi_F < 0 \end{cases}$$

综合以上分析，结论 4-4 得证。证毕。

结论 4-4 给出了分销商 D 与投机者序贯决策或是同时决策对供应链均衡策略的影响。同时决策隐含地表明投机者与分销商 D 具有相同的市场力量，此时平行产品对市场 1 中授权渠道产品市场的冲击力较强。然而，由于制造商从平行产品销量增加获得的利润增量不能弥补市场 1 中授权渠道产品销量减少带来的损失，因此，当分销商 D 与投机者同时决策时，制造商所获取的利润较低。反之，分销商 D 作为领导者先决策，表明了其市场力量强于平行进口贸易商在市场 1 中的市场力量，平行产品对市场 1 中授权渠道产品的侵蚀程度减弱。因此，分销商 D 与平行进口贸易商进行 Stackelberg 竞争能增加其利润。现实中，一方面授权分销商有品牌影响力和忠实客户的支持，另一方面授权分销商更了解其经销区域内的市场情况。因此，分销商 D 先决策时具有先动优势。

4.3 使用两部定价合同对 D-F 模型进行协调

本书在 4.2 节中研究了平行进口贸易环境下制造商采用批发价格合同时供应链的运作决策问题。事实上，存在批发价格合同情况下，分别属于不同经济主体的供应链参与者都是把自身利润最大化作为决策目标，从而降低整体绩

效。现实中，两部定价合同因其操作简单等优点而被广泛使用，其在理论上也被广泛研究。因此，本小节将研究市场 1 中授权分销商与平行进口贸易商序贯决策下制造商采用两部定价合同时供应链的运作策略，并分析采用两部定价合同对供应链进行协调的问题以及实施两部定价合同的可行性问题。

存在两部定价合同情况下，制造商、分销商 D 以及分销商 F 基于各自的目标进行决策，同样构成了一个三阶段的 Stackelberg 博弈模型。根据事件的发生顺序，博弈模型可被划分为三个阶段：首先，制造商给定结构为（$w_i q_i + T_i$ $i = 1, 2$）的两部定价合同；其次，分销商 D 基于分销商 F 的平行进口贸易行为的反应策略，在给定的合同下决策其利润最大化的市场 1 中授权渠道产品的销量 q_1；最后，分销商 F 在看到给定的两部定价合同并观察到分销商 D 的决策后，确定其在市场 2 中的产品销量 q_2 及平行产品的销量 q_t。这是一个典型的完全信息动态博弈模型，故可用逆向归纳法求解。

4.3.1　存在两部定价合同情况下分销商 F 的反应策略

在第三阶段的博弈中，对于给定的两部定价合同（w_2，T_2），并在观察到分销商 D 的决策下，分销商 F 选择最优产品销量 q_2 和 q_t 以最大化其利润，从而其决策目标可描述为

$$\max_{q_2, q_t} \pi_F = q_t(1 - q_t - \gamma q_1) + q_2\left(\frac{1 - q_2}{b}\right) - w_2(q_2 + q_t) - tq_t - T_2 \quad (4\text{-}9)$$

根据（4-9）式分别对产品销量 q_2 和 q_t 求一阶导数为

$$
\begin{cases}
\dfrac{\partial \pi_F}{\partial q_2} = \dfrac{1 - 2q_2}{b} - w_2 \\[2mm]
\dfrac{\partial \pi_F}{\partial q_t} = 1 - 2q_t - \gamma q_1 - w_2 - t
\end{cases}
$$

从上式可明显看出，分销商 F 的利润是关于市场 2 中产品销量的凹函数（$\dfrac{\partial^2 \pi_F}{\partial q_2^2} < 0$），同时也是关于平行产品销量的凹函数（$\dfrac{\partial^2 \pi_F}{\partial q_t^2} < 0$）。因此，对于制造商和分销商 D 给定的运作策略，分销商 F 的最优产品销量满足一阶条件

等式（$\dfrac{\partial \pi_F}{\partial q_i} = 0 \quad i = 2, \ t$），由此我们可求出分销商 F 的最优反应策略为

$$\begin{cases} q_2 = \dfrac{1}{2}(1 - bw_2) \\[3mm] q_t = \dfrac{1}{2}(1 - \gamma q_1 - w_2 - t) \end{cases}$$

由于在 4.2.1 节中我们已经对分销商 F 的反应策略表达式进行了分析，本书在这里就不重复分析。我们将上式与 4.2.1 节中分销商 F 的反应策略（4-2）式相比较可知，存在两部定价合同情况下，制造商对分销商 F 收取大小为 T_2 的固定费用将不会影响分销商 F 的运营决策。

4.3.2 两部定价合同下分销商 D 的反应策略

在第二阶段的博弈中，对于给定的两部定价合同 $(w_1, \ T_1)$，基于分销商 F 的反应策略（4-2）式，分销商 D 选择能实现利润最大化的产品销量 q_1，从而其决策目标可描述为

$$\max_{q_i} \pi_D = q_1(1 - q_1 - \gamma q_t) - w_1 q_1 - T_1 \tag{4-10}$$

由于分销商 D 的决策表达式（4-10）与 4.2.2 节中的决策表达式相比仅多出一个固定转移费用，因此，分销商 D 的反应策略也不会改变。我们利用分销商 F 的反应策略表达式构造 Lagrange 函数，利用分销商 D 最优化决策的一阶条件，求出最优订货量表达式。我们将分销商 D 的最优订货量表达式代入分销商 F 的反应策略函数中，求得两个分销商的最优订货量 $[\, q_i(w_1, \ w_2) \quad i = 1, \ 2 \,]$，$t$，仍然为（4-4）式。

4.3.3 存在两部定价合同情况下制造商的均衡策略

存在两部定价合同情况时，批发价格参数能调节参与者之间的利润，同时制造商可以通过收取固定费用调节各参与者之间的利润。因此，制造商先根据其所在供应链的最大化利润确定批发价格，然后再通过收取的固定费用对各参与者之间的利润进行调节。

在第一阶段的博弈中，基于分销商 D 和分销商 F 的最优反应策略（4-4）式，制造商 M 决策最优批发价格 w_1 和 w_2 以最大化其利润，其决策目标可描述为

$$\max_{w_1, w_2} \pi_M = w_1 q_1 + w_2 (q_2 + q_t) + T_1 + T_2 \qquad (4\text{-}11)$$

首先，假定制造商向分销商 D 和分销商 F 收取固定费用后，两个分销商的实际收益为 T_1^* 和 T_2^*，即

$$\begin{cases} T_1 = q_1 (1 - q_1 - \gamma q_t) - w_1 q_1 - T_1^* \\ T_2 = q_t (1 - q_t - \gamma q_1) + q_2 \left(\dfrac{1 - q_2}{b} \right) - w_2 (q_2 + q_t) - t q_t - T_2^* \end{cases}$$

将上式两个分销商的转移支付表达式代入（4-11）式中并整理，我们可将制造商 M 的决策表达式转换为

$$\max_{w_1, w_2} \pi_M = q_1 (1 - q_1 - \gamma q_t) + q_t (1 - q_t - \gamma q_1) + q_2 \left(\dfrac{1 - q_2}{b} \right) - t q_t - T_1^* - T_2^*$$

$$(4\text{-}12)$$

我们将（4-4）式代入（4-12）式，并利用最优化决策的一阶条件得出引理4-3。

引理4-3　存在平行进口情形下，制造商 M 采用两部定价合同时的最优批发价格策略为

$$\begin{cases} w_1^T = \dfrac{\gamma \{ (1 - t) [4(1 + b) - \gamma^2 (2 + b)] - 2\gamma (1 + b) \}}{8(1 + b) - 2\gamma^2 (4 + 3b)} \\ w_2^T = \dfrac{2\gamma (1 - \gamma + \gamma t)}{4(1 + b) - \gamma^2 (4 + 3b)} \end{cases} \qquad (4\text{-}13)$$

引理4-3给出了采用两部定价合同情况下制造商的最优批发价格，综合引理4-2和引理4-3可知，在批发价格合同与两部定价合同中，投机成本对批发价格的影响刚好相反。我们将（4-13）式代入（4-4）式，得出定理4-2。

定理4-2　市场 1 中授权分销商与平行进口贸易商进行 Stackelberg 竞争时，存在两部定价合同情况下市场 1 中授权渠道产品销量、市场 2 中产品销量

及平行产品销量分别为

$$\begin{cases} q_1^T = \dfrac{2(1+b)[1-\gamma(1-t)]}{4(1+b)-\gamma^2(4+3b)} \\[4mm] q_t^T = \dfrac{(1-t)(4+4b-b\gamma^2)-2\gamma(2+b)}{8(1+b)-2\gamma^2(4+3b)} \\[4mm] q_2^T = \dfrac{4(1+b)-2b\gamma-\gamma^2(4+b+2bt)}{8(1+b)-2\gamma^2(4+3b)} \end{cases} \qquad (4-14)$$

定理 4-2 给出了存在两部定价合同情况下市场均衡时市场 1 和市场 2 中产品的销量，我们将（4-14）式代入供应链利润函数，记为 Π^T。接下来，我们将比较市场均衡的结果，从而分析平行进口的影响。

4.3.4 存在两部定价合同情况下平行进口的影响

本章 4.3.3 节中已经求得了平行进口贸易环境下制造商采用两部定价合同时各参与者的均衡策略，接下来将对市场均衡时的相关结果进行分析。平行进口贸易成本对平行产品流入市场 1 有着非常重要的影响，也是各参与者决策时的重要考虑因素。因此，下面将分析各参与者的均衡策略与平行进口贸易成本之间的关系。首先，我们分别对批发价格和产品销量求关于平行进口贸易成本的一阶偏导数，可得结论 4-5。

结论 4-5 存在两部定价合同情况下，随着平行进口贸易成本 t 的增加：

①制造商对分销商 D 的批发价格 w_1^T 将减小，市场 1 中授权渠道产品的销量 q_1^T 将增大；

②制造商对分销商 F 的批发价格 w_2^T 将增大，市场 1 中平行产品的销量 q_t^T 将减小，市场 2 中的产品销量 q_2^T 将减小。

证明：首先针对（4-13）式中的批发价格，分别求出关于平行进口贸易成本 t 的一阶导数为

$$\begin{cases} \dfrac{\partial w_1^T}{\partial t} = -\dfrac{\gamma[4(1+b)-\gamma^2(2+b)]}{8(1+b)+2\gamma^2(4+3b)} < 0 \\[4mm] \dfrac{\partial w_2^T}{\partial t} = \dfrac{2\gamma^2}{4(1+b)-\gamma^2(4+3b)} > 0 \end{cases}$$

由上式可知，制造商对分销商 D 的批发价格 w_1^T 是平行进口贸易成本 t 的减函数，且制造商对分销商 F 的批发价格 w_2^T 是平行进口贸易成本的增函数。进一步，我们针对（4-14）式中产品销量，求出关于平行进口贸易成本 t 的一阶导数为

$$\begin{cases} \dfrac{\partial q_1^T}{\partial t} = \dfrac{2\gamma(1+b)}{4(1+b)-\gamma^2(4+3b)} > 0 \\[3mm] \dfrac{\partial q_2^T}{\partial t} = -\dfrac{2b\gamma^2}{8(1+b)-2\gamma^2(4+3b)} < 0 \\[3mm] \dfrac{\partial q_t^T}{\partial t} = -\dfrac{4(1+b)-b\gamma^2}{8(1+b)-2\gamma^2(4+3b)} < 0 \end{cases}$$

由上式可知，市场 1 中授权渠道产品的销量 q_1^T 是平行进口贸易成本 t 的增函数，市场 1 中平行产品的销量 q_t^T 是平行进口贸易成本 t 的减函数，市场 2 中产品的销量 q_2^T 是平行进口贸易成本 t 的减函数。证毕。

结论 4-5 给出了平行进口贸易环境下制造商采用两部定价合同时投机成本对批发价格和产品销量的影响。一方面由于投机成本的增加，市场 1 中平行产品的竞争力减弱。因此，制造商有动机降低批发价格 w_1^T 以减轻双边双重边际效应的影响。另一方面由于投机成本的增加，分销商 F 进行投机所带来的资源浪费将增加。因此，制造商将提高批发价格 w_2^T 以降低平行产品的竞争力，进而减小投机造成的资源浪费。这一结论与人们的经济直觉是一致的。结论 4-5 是对文献［31］中的相关结论的支持和拓展。文献［31］考虑的是市场 1 中授权渠道分销商与投机者同时决策。从博弈论的角度看，这一假设隐含地表明授权分销商与投机者具有相同的市场力量。分析发现，分销商 D 与投机者同时决策或序贯决策情形下，批发价格与投机成本变动的方向是一致的。有差异的是，与序贯决策情形相比，同时决策情形下投机成本变动对批发价格的影响程度较大。

我们将本章中分销商 D 和平行进口贸易商序贯决策情形的结论与文献［31］中二者同时决策情形的相关结论进行比较，得出结论 4-6。

结论 4-6 存在两部定价合同情况下，与分销商 D 和平行进口贸易商同时决策的情形相比，在二者序贯决策情形中：

①制造商针对分销商 D 制定的批发价格 w_1^T 较高，针对分销商 F 制定的批发价格 w_2^T 与同时决策情形中的相等；

②市场 1 中授权渠道产品的销量 q_1^T、平行产品的销量 q_t^T 以及市场 2 中产品销量 q_2^T 与同时决策情形中的相等。

证明：文献［31］中存在两部定价合同情况下，制造商对分销商 D 和分销商 F 的批发价格分别为 $\dfrac{1}{2} - (\dfrac{5}{2} + \dfrac{2}{b})t$、$\dfrac{2}{b}t$，市场 1 中授权渠道产品的销量为 $\dfrac{2(1 + b)t}{b}$，市场 1 中平行产品的销量为 $\dfrac{1}{2} - (\dfrac{3}{2} + \dfrac{2}{b})t$，市场 2 中消费者购买的产品的数量为 $\dfrac{1}{2}(1 - 2t)$。

令（4-13）式中替代系数 γ 为 0，可得分销商 D 与平行进口贸易商序贯决策下制造商制定的批发价格为

$$\begin{cases} w_1^T = \dfrac{1}{2} - (\dfrac{3}{2} + \dfrac{1}{b})t \\ w_2^T = \dfrac{2t}{b} \end{cases}$$

令（4-14）式中替代系数 γ 为 0，并与分销商 D 与平行进口贸易商同时决策情形下的各参与者的相应运作策略相比较，可得结论 4-6。证毕。

存在两部定价合同情况下，结论 4-6 将分销商 D 和平行进口贸易商序贯决策的情形与以往文献中二者同时决策的情形进行比较。存在两部定价合同情况下制造商能通过收取固定费用调节自身利润，它以整体利润最大为目标决策批发价格。这就表明，分销商 D 与平行进口贸易商同时决策时，两部定价合同也能使供应链整体利润最大化。事实上，无论是同时决策还是序贯决策，只要市场条件不发生改变，使得供应链整体利润最大化的分销商的产品销量就不会发生改变。结论 4-6②进一步支持了结论 4-6①，即分销商 D 和平行进口贸

易商无论是同时决策还是序贯决策，制造商将调整批发价格，使得他们获得最优销量。因此，两种决策模式下，两部定价合同通过调节批发价格 w_1^T，都能使供应链整体利润达到最大。这一点与人们的经济直觉一致。

4.3.5　存在两部定价合同情况下节点企业绩效的帕累托改进

本章 4.3.3 节已经得出两部定价合同中制造商制定的批发价格。虽然两部定价合同能增加供应链整体利润，但是，事实上两部定价合同能否被实施，还需考察各参与者能否达到绩效的帕累托改进。批发价格合同中各企业以自身利润最大化为目标，而当采用两部定价合同（结构为 $w_i q_i + T_i$ $i = 1, 2$）时，制造商可以通过收取固定费用调节自身利润。因此，下面将讨论能使得供应链中各参与者都达到绩效帕累托改进的固定费用的取值范围。

存在两部定价合同情况下，各参与者所获得的利润为

$$\begin{cases} \pi_D^T = \dfrac{2(2 - \gamma^2)(A_1 + \gamma A_1 A_4)^2}{(4A_1 - \gamma^2 A_3)^2} - T_1 \\[4mm] \pi_F^T = \dfrac{(4A_1 A_4 - 2\gamma A_2 - b\gamma^2 A_4)^2}{4(4A_1 - \gamma^2 A_3)^2} + \dfrac{(4A_1 - 2b\gamma - \gamma^2 A_5)^2}{4b(4A_1 - \gamma^2 A_3)^2} - T_2 \\[4mm] \pi_M^T = \dfrac{\gamma(1 - \gamma A_4)[4A_1(3 + bA_4 - 2t) - 2\gamma A_1(3 + b) - \gamma^2 A_6]}{(4A_1 - \gamma^2 A_3)^2} + T_1 + T_2 \end{cases}$$

$$(4-15)$$

其中，$A_1 = 1 + b$，$A_2 = 2 + b$，$A_3 = 4 + 3b$，$A_4 = 1 - t$，$A_5 = 4 + b + 2bt$，$A_6 = b(5 + b) + 2(3 - t) - bt(2 + b)$。为方便下文叙述，记各企业利润表达式中不含固定费用的部分分别为 B_1、B_2 和 B_3。

各企业能获得比存在批发价合同情况下更高的利润是两部定价能实施的前提。存在两部定价合同情况下，各企业的参与约束为

$$\begin{cases} B_1 - T_1 \geq \pi_D^I \\ B_2 - T_2 \geq \pi_F^I \\ B_3 + T_1 + T_2 \geq \pi_M^I \end{cases}$$

存在两部定价合同情况下，由供应链中各企业的参与约束条件可得固定费用的取值区间为

$$
\begin{cases}
\pi_M^I + \pi_F^I - B_2 - B_3 \le T_1 \le B_1 - \pi_D^I \\
\pi_M^I + \pi_D^I - B_1 - B_3 \le T_2 \le B_2 - \pi_F^I \\
\pi_M^I - B_3 \le T_1 + T_2 \le B_1 + B_2 - \pi_D^I - \pi_F^I
\end{cases}
\tag{4-16}
$$

（4-16）式给出了存在平行进口和两部定价合同情况下，制造商与各分销商均能实现帕累托改进的固定费用有效区间。实践中，固定费用 T_i 取决于分销商 D 和分销商 F 与制造商之间谈判能力。

4.3.6 数值分析

在前面几节中，我们通过理论分析方法研究了分销商 D 与平行进口贸易商在两种决策情形下的差异。本节将通过数值分析的方法一方面对模型进行验证，另一方面揭示一些更深层次的管理意义。接下来，首先分析相关参数对两种决策模式下制造商采取批发价格合同时参与者利润差异的影响，然后分析相关参数对两部定价合同固定费用边界的影响。这里指出，两种决策模式下各参与者的利润差异为，采用批发价格合同时，序贯决策情形中参与者的利润减去同时决策情形中参与者的利润。

分销商 D 与平行进口贸易商同时决策，考虑市场 1 中两类产品的差异时（与本章类似，采用替代系数刻画），各参与者的利润分别为

$$
\begin{cases}
\pi_m = \dfrac{4(5 - 4t + t^2) - 4\gamma(1 - t) - \gamma^2(3 - 2t) + b(2 - \gamma + \gamma t)}{8(1 + b)(4 - \gamma^2)} \\[4mm]
\pi_d = \dfrac{(2 - \gamma + \gamma t)^2}{4(4 - \gamma^2)^2} \\[4mm]
\pi_f = \dfrac{(2 + bt)^2}{16b(1 + b)^2} + \dfrac{[b(8 - 8t - 2\gamma - \gamma^2 + t\gamma^2) - 4t - 2\gamma + \gamma^2]^2}{16(1 + b)^2(4 - \gamma^2)^2}
\end{cases}
$$

令 $t = 0.1$，考虑 γ 在（0，1］变化时，分析两种决策模式下各参与者的利润受替代系数的影响程度。

图 4-2 为 γ 对两种决策模式下各参与者利润的影响程度。由图 4-2 可知，①与分销商 D 和平行进口贸易商同时决策的情形相比，二者序贯决策时制造商与分销商 D 的利润均提高，而分销商 F 的利润降低（验证了本章模型）；②随着替代系数 γ 的增大，二者进行序贯决策时各参与者利润变化的幅度提高。不难理解，随着替代系数 γ 的增大，表明市场 1 中两类产品的竞争程度增强（两类产品之间相互影响的程度增强），因此，决策模式的差异使得企业利润的变化也更明显。

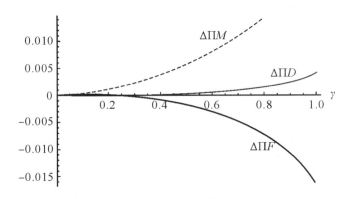

图 4-2　γ 对两种决策模式下各参与者利润的影响程度

由于两种决策模式下制造商与分销商 D 的利润差异表达式与市场 2 的弹性系数无关，因此，下面仅分析分销商 F 的利润受弹性系数 b 的影响程度。令 γ =0.8 和 t =0.1，考虑弹性系数 b 在（1，3）变化时，分析两种决策模式下分销商 F 的利润受市场 2 弹性系数的影响程度。

图 4-3 为 b 对两种决策模式下分销商 F 利润的影响程度。由图 4-3 可知，①与分销商 D 和平行进口贸易商同时决策相比，二者序贯决策时分销商 F 的利润较低（验证了本章模型）；②随着市场 2 的弹性系数增大，市场 1 中分销商 D 先决策对分销商 F 利润的影响程度也增大。这不难理解，因为分销商 F 的利润由两部分构成，一部分通过在市场 2 中销售产品获得，另一部分是通过非授权渠道将产品销往市场 1 中获得。由于分销商 F 从市场 2 获得的利润随该市场弹性系数的增加而降低，因此，当市场 2 弹性系数较大时，序贯决策对分

销商 F 利润的影响程度就较大。

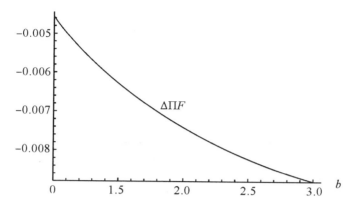

图 4-3 b 对两种决策模式下分销商 F 利润的影响程度

接下来，我们将考察固定费用边界与替代系数 γ 和投机成本 t 的关系。令 $b = 2$ 和 $t = 0.1$，考虑替代系数 γ 在（0，1］变化；令 $b = 2$ 和 $\gamma = 0.8$，考虑转运成本 t 在（0，0.5）变化，分析两部定价合同的固定费用上下界受参数变化的影响。

图 4-4 为对 T_1 和 T_2 的影响，即替代系数 γ 与固定费用上下界关系的模拟图。由图 4-4 可知，①分销商 F 支付的固定费用上界（下界）大于分销商 D 支付的最大（最小）固定费用，即 $\overline{T_2} > \overline{T_1}$（$\underline{T_2} > \underline{T_1}$）。这是由于分销商 F 进行平行进口贸易，向市场 1 中销售的平行产品冲击了分销商 D 的市场份额，降低了分销商 D 的利润，从而分销商 F 获得的利润将提高。因此，制造商对分销商 F 收取的固定费用也较大。②制造商收取固定费用的边界 $\overline{T_i}$（$\underline{T_i}$）随替代系数 γ 的增大而减小。首先，替代系数 γ 的增大表明平行产品与市场 1 中授权渠道产品的差异程度降低，进而加强了平行产品对市场 1 的冲击，降低了分销商 D 的利润。其次，替代系数 γ 越大，市场 1 中两类产品的竞争程度越强，分销商 F 投机的获利空间越低。综合以上两种因素可知，制造商收取固定费用的边界 $\overline{T_i}$（$\underline{T_i}$）与替代系数 γ 呈负向变动关系。③观察图 4-4 中 $[\underline{T_i}, \overline{T_i}]$ 可知，$\overline{T_i} - \underline{T_i}$ 随着替代系数 γ 的增大而减小。由于 $\overline{T_i} - \underline{T_i}$ 表示各企业在获得不低于存在批发价合同情况下的利润后可以任意分配的部分。因此，随着替代系数 γ 的增大，采用两部定价合同对供应链进行协调的效率降低。

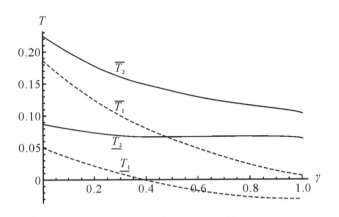

图 4-4　γ 对 T_1 和 T_2 的影响

图 4-5 为 t 对 T_1 和 T_2 的影响，即平行产品的转运成本 t 与固定费用上下界关系的模拟图。由图 4-5 可知，制造商对分销商 D 收取的固定费用随着投机成本的上升而增加。事实上，平行进口贸易成本的增加会削弱平行产品在市场 1 中的竞争力，进而减轻平行产品对市场 1 中授权渠道产品市场份额的冲击力。因此，当投机成本增加时，分销商 D 能获得更多的利润，进而制造商也会向其收取更高的固定费用。然而，当投机成本上升时，市场 1 中平行产品的竞争力将减弱，分销商 F 销售平行产品所获取的利润降低。因此，当平行进口贸易成本增加时，分销商 F 的利润将减小，进而制造商向分销商 F 收取的固定费用也将降低。综上所述，存在平行进口情形下制造商收取的固定费用满足（4-16）式，能实现供应链节点企业的帕累托改进。

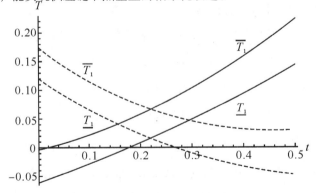

图 4-5　t 对 T_1 和 T_2 的影响

4.4　N-D 模型

在前面的 D-F 模型中，我们考虑的是制造商在两个市场中均是通过分销商销售产品的情形。本节将前面 D-F 模型拓展为以下情形，即制造商在市场 1 中直接销售产品，在市场 2 中通过分销商销售产品，记为 N-D 模型。N-D 模型中关于市场条件的假设与 4.1 节中的假设基本相同，N-D 模型的供应链结构如图 4-6 所示。

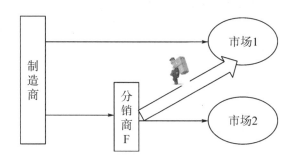

图 4-6　N-D 模型的供应链结构图

N-D 模型中各事件的发生顺序如下：

首先，制造商基于自身利润最大化，给定其在市场 1 中的运作策略并同时制定针对分销商 F 的批发价格策略；

其次，分销商 F 根据制造商的批发价格和预期的市场状态，基于自身利润最大化而决策其产品销量，并且决策其向市场 1 中销售平行产品的销量。

本节 N-D 模型与前面 D-F 模型的差异在于，前面 D-F 模型是由制造商、分销商 D 以及分销商 F 构成的三阶段 Stackelberg 博弈模型，而本节 N-D 模型是由制造商和分销商 F 构成的两阶段 Stackelberg 博弈模型。基于研究结构完备性考虑，接下来我们首先分析存在批发价格合同情况下的市场均衡，其次分析存在两部定价合同情况下供应链节点企业的均衡策略，再次分析实施该两部定价合同的可行性，最后比较分析 N-D 模型的结果与前面 D-F 模型的结果的差异。

4.4.1 批发价格合同下市场均衡

存在批发价格合同情况下，制造商与分销商 F 基于各自利益最大化的决策构成了一个两阶段的 Stackelberg 博弈模型。根据事件的发生顺序，我们把博弈模型划分为两个阶段：首先，制造商以自身利益最大化为目标决策其在市场 1 中的产品销量 q_1，并同时给出对分销商 F 的批发价格 w_2；其次，分销商 F 在制造商给定批发价格的情况下，基于制造商的决策，决策市场 2 中的产品销量 q_2 和平行产品的销量 q_t。与前面研究类似，我们采用逆向归纳法求解。

在第二阶段的博弈中，对于给定的批发价格 w_2，并在观察到制造商的决策后，分销商 F 选择产品最优销量 q_2 和 q_t 以最大化其利润，从而其决策目标仍可描述为（4-1）式。依据分销商 F 的最优化决策一阶条件求得分销商 F 的最优反应策略仍为（4-2）式。由于本章 4.2.1 节已经对分销商 F 的反应策略表达式进行分析，这里不再重复分析。

在第一阶段博弈中，基于分销商 F 的最优反应策略（4-2）式，制造商 M 决策产品销量 q_1 和批发价格 w_2 以最大化其利润，其决策目标可描述为

$$\max_{q_1,\ w_2}\pi_M = q_1(1 - q_1 - \gamma q_t) + w_2(q_2 + q_t). \tag{4-17}$$

我们将（4-2）式代入制造商的决策表达式中，并利用其最优化决策的一阶条件可得制造商的均衡策略，将制造商的均衡策略代入（4-2）式中可得定理 4-3。

定理 4-3 制造商在市场 1 中直接销售产品且通过分销商 F 在市场 2 中销售产品，平行进口贸易环境下，制造商与分销商 F 的均衡策略分别为

$$\begin{cases} q_1^{II} = \dfrac{2 + \gamma + b(2 - \gamma + \gamma t)}{4 + 2b(2 - \gamma^2)} \\[3mm] w_2^{II} = \dfrac{4 - 2t - \gamma(2 + \gamma)}{4 + 2b(2 - \gamma^2)} \\[3mm] q_2^{II} = \dfrac{4 + b(2t + 2\gamma - \gamma^2)}{8 + 4b(2 - \gamma^2)} \\[3mm] q_t^{II} = \dfrac{b[4 - \gamma(2 + \gamma) - t(4 - \gamma^2)] - 2t}{8 + 4b(2 - \gamma^2)} \end{cases} \tag{4-18}$$

定理 4-3 给出了存在批发价合同情况下市场均衡时制造商与分销商 F 的均衡策略。我们将（4-18）式代入各参与者的利润函数得出

$$
\begin{cases}
\pi_M^{II} = \dfrac{b\,(2 + t\gamma - \gamma)^2 + \gamma(4 + \gamma) + 2t(4 - t) - 4}{8\left[2 + b(2 - \gamma^2)\right]} \\[4mm]
\pi_F^{II} = \dfrac{\{b[4 - \gamma(2 + \gamma) - t(4 - \gamma^2)] - 2t\}^2}{16\,(2 + 2b - b\gamma^2)^2} + \dfrac{[4 + b(2t + 2\gamma - \gamma^2)]^2}{16b\,(2 + 2b - b\gamma^2)^2}
\end{cases}
$$

$$(4-19)$$

我们进一步分析存在批发价格合同情况下各参与者的均衡策略受平行进口贸易成本的影响程度可知，平行进口贸易成本 t 对 q_1^{II}、w_2^{II}、q_2^{II} 以及 q_t^{II} 的影响程度与本章 4.2.3 节中结论 4-1 相同。

4.4.2 采用两部定价合同对 N-D 模型进行协调

4.4.1 节研究了 N-D 模型的平行进口贸易环境下制造商采用批发价格合同时供应链的运作决策问题。与本章 4.3 节类似，我们接下来将研究制造商采用两部定价合同对供应链节点企业进行协调的情形，并分析采用两部定价合同对供应链进行协调的问题以及实施两部定价合同的可行性问题。

存在两部定价合同情况下，制造商和分销商 F 的决策构成了一个二阶段的 Stackelberg 博弈模型。根据事件的发生顺序，我们将博弈模型划分为两个阶段：首先，制造商给定两部定价合同（结构为 $w_2 q_2 + T$），并选择将其利润最大化的产品销量 q_1；其次，分销商 F 根据制造商给定的两部定价合同，基于制造商对市场 1 的决策，选择市场 2 中的产品销量 q_2 和平行产品的销量 q_t。

在第二阶段的博弈中，给定两部定价合同（结构为 $w_2 q_2 + T$），并在观察到制造商的决策后，分销商 F 选择产品最优销量 q_2 和 q_t 以最大化其利润，从而其决策目标仍可描述为（4-9）式。依据分销商 F 的最优化决策一阶条件求得分销商 F 的最优反应策略仍为（4-2）式。

在第一阶段博弈中，基于分销商 F 的最优反应策略（4-2）式，制造商 M 选择最优的产品销量 q_1 和两部定价合同以最大化其利润，其决策目标可描述为

$$\max_{q_1,\ w_2}\pi_M = q_1(1 - q_1 - \gamma q_t) + w_2(q_2 + q_t) + T \qquad (4\text{-}20)$$

首先，假定制造商向分销商 F 收取固定费用后，分销商 F 的实际收益为

$$T_1 = q_1(1 - q_1 - \gamma q_t) - w_1 q_1 - T^*$$

将上式分销商 F 的转移支付表达式代入（4-17）式中并整理，可将制造商 M 的决策表达式转换为

$$\max_{q_1,\ w_2}\pi_M = q_1(1 - q_1 - \gamma q_t) + q_t(1 - q_t - \gamma q_1) + q_2\left(\frac{1 - q_2}{b}\right) - tq_t - T^* \qquad (4\text{-}21)$$

将（4-4）式代入（4-21）式，并利用最优化决策的一阶条件得出引理4-4。

引理4-4 存在平行进口情况下，制造商 M 采用两部定价合同时的最优批发价格策略为

$$\begin{cases} q_1^{T\mathbb{I}} = \dfrac{2(1 + b)[1 - \gamma(1 - t)]}{4(1 + b) - \gamma^2(4 + 3b)} \\[3mm] w_2^{T\mathbb{I}} = \dfrac{2\gamma(1 - \gamma + \gamma t)}{4(1 + b) - \gamma^2(4 + 3b)} \end{cases} \qquad (4\text{-}22)$$

引理4-4给出了采用两部定价合同情况下制造商的最优批发价格与市场 1 中的产品销量。进一步我们将（4-22）式代入（4-2）式，得出定理4-4。

定理4-4 市场 1 中授权分销商与平行进口贸易商进行 Stackelberg 竞争时，存在两部定价合同情况下市场 1 和市场 2 中的产品销量分别为

$$\begin{cases} q_1^{T\mathbb{I}} = \dfrac{2(1 + b)[1 - \gamma(1 - t)]}{4(1 + b) - \gamma^2(4 + 3b)} \\[3mm] q_t^{T\mathbb{I}} = \dfrac{(1 - t)(4 + 4b - b\gamma^2) - 2\gamma(2 + b)}{8(1 + b) - 2\gamma^2(4 + 3b)} \\[3mm] q_2^{T\mathbb{I}} = \dfrac{4(1 + b) - 2b\gamma - \gamma^2(4 + b + 2bt)}{8(1 + b) - 2\gamma^2(4 + 3b)} \end{cases} \qquad (4\text{-}23)$$

定理4-4给出了存在两部定价合同情况下市场均衡时市场 1 和市场 2 中产品的销量，将（4-23）式代入供应链利润函数，记为 $\Pi^{T\mathbb{I}}$。比较定理 4-2 和

定理4-4可以发现，虽然本章 D-F 模型与 N-D 模型的供应链结构有差异，但是存在两部定价合同情况下，这两种模型结构中市场均衡时两个市场中的产品销量是相等的。这是因为，N-D 模型与 D-F 模型中制造商与分销商 D 已经结成利益共同体，即供应链中部分企业的一体化决策。在 D-F 模型中实施两部定价合同的目的是促使其二者形成共同的决策目标。因此，N-D 模型与本章 D-F 模型均采用两部定价合同时，两种情形中市场 1 和市场 2 中的各产品销量相同，这与经济直觉相符。

接下来我们将探讨 N-D 模型中制造商实施两部定价合同的可行性问题。

4.4.3 采用两部定价合同时参与者绩效的帕累托改进

前面得出了 N-D 模型中存在两部定价合同情况下制造商制定的批发价格。虽然该两部定价合同能增加供应链整体利润，但是，事实上该两部定价合同能否被实施，还需考察各参与者能否达到绩效的帕累托改进。批发价格合同中各企业以自身利润最大化为目标，而当采用两部定价合同（结构为 $w_2 q_2 + T$）时，制造商可以通过收取固定费用调节自身利润。因此，下面将讨论能使得供应链中各参与者都达到绩效帕累托改进的固定费用的取值范围。

存在两部定价合同情况下，各参与者所获得的利润为

$$
\begin{cases}
\pi_F^{TⅡ} = \dfrac{(4A_1 A_4 - 2\gamma A_2 - b\gamma^2 A_4)^2}{4(4A_1 - \gamma^2 A_3)^2} + \dfrac{(4A_1 - 2b\gamma - \gamma^2 A_5)^2}{4b(4A_1 - \gamma^2 A_3)^2} - T \\
\pi_M^{TⅡ} = \dfrac{4A_1[1 + 2b - bt(2 - t)] + 8b\gamma A_1 A_4 - \gamma^2(A_3 - b^2 A_4^2)}{4b(4A_1 - \gamma^2 A_3)} + T
\end{cases}
\tag{4-24}
$$

其中，$A_1 = 1 + b$，$A_2 = 2 + b$，$A_3 = 4 + 3b$，$A_4 = 1 - t$，$A_5 = 4 + b + 2bt$。为方便下文叙述，记各企业利润表达式中不含固定费用的部分分别为 B_4 和 B_5。

各企业能获得比存在批发价合同情况下更高的利润是两部定价能实施的前提。存在两部定价合同情况下，各企业的参与约束为

$$
\begin{cases}
B_4 - T \geq \pi_F^{Ⅱ} \\
B_5 + T \geq \pi_M^{Ⅱ}
\end{cases}
$$

存在两部定价合同情况下，由供应链中各企业的参与约束条件可得固定费用的取值区间为

$$\begin{cases} T \leq B_4 - \pi_F^{II} \\ T \geq \pi_M^{II} - B_5 \end{cases} \qquad (4\text{-}25)$$

（4-25）式给出了 N-D 模型中存在平行进口和两部定价合同情况时，制造商与各分销商均能实现帕累托改进的固定费用有效区间。固定费用 T 取决于分销商 F 与制造商之间的谈判能力。

4.4.4 数值分析

在前面 3 个小节中，我们通过理论分析的方法研究了 N-D 模型中制造商采用批发价合同或两部定价合同时的市场均衡，并给出了采用两部定价合同实现各参与者绩效的帕累托改进的固定费用有效区间。本节将通过数值分析的方法一方面对模型进行验证，另一方面揭示一些更深层次的管理意义。接下来我们分析相关参数对两部定价合同固定费用边界的影响程度。

接下来，我们考察固定费用边界与替代系数 γ 和投机成本 t 的关系。根据（4-25）式中的表达式，令 $b = 2$ 和 $t = 0.1$，考虑替代系数 γ 在（0，1］变化；令 $b = 2$ 和 $\gamma = 0.8$，考虑转运成本 t 在（0，0.5）变化，分析两部定价合同的固定费用上下界受参数变化的影响程度。

图 4-7 为 γ 对固定费用 T 上下界变化的影响，即 N-D 模型中替代系数 γ 与固定费用上下界关系的模拟图。由图 4-7 可知，当 $b = 2$、$t = 0.1$ 时，对于替代系数 $\gamma \in [0, 1]$，①制造商对分销商 F 收取的固定费用上限大于 0，收取的固定费用下限小于 0；②制造商对分销商 F 收取的固定费用上限随替代系数的增加而减小，固定费用下限随替代系数的增加而上升；③制造商与分销商 F 都能实现绩效帕累托改进的有效固定费用空间减小。首先，固定费用上限 $B_4 - \pi_F^{II} > 0$ 表明，存在两部定价合同情况下未进行转移支付前分销商 F 的销售利润大于批发价格合同情况下分销商 F 的利润；固定费用下限 $\pi_M^{II} - B_5 < 0$ 表明，存在两部定价合同情况下未进行转移支付前制造商的利润大于存在批发价格合

同情况下制造商的利润，即制造商超过存在批发价格合同情况下的利润，该利润可对分销商 F 进行补贴。换言之，当制造商以整体利润最大化为目标制定批发价格时，即便不能获取分销商 F 的转移支付，其利润也大于存在批发价格合同情况下的利润。原因为，存在平行进口情况下，首先，制造商与分销商 F 不仅存在纵向竞争，在市场 1 中还存在同品牌产品的内部竞争情况，制造商采用批发价格合同时各参与者以自身利润最大化为目标，无法平衡这两种降低供应链绩效的负面效应。其次，随着替代系数的增加，市场 1 中两类产品的竞争程度增强，因此，制造商和分销商 F 从销售平行产品所获得的利润降低，供应链绩效改进的空间也较小，因此，分销商 F 可用于转移支付的费用也会降低，而制造商可用于对分销商 F 进行补贴的费用也会降低。最后，由于替代系数的增加，平行产品拓展新的潜在市场的能力减弱，整体利润增加的空间降低。因此，各企业在获得不低于批发价合同下的利润后可以任意分配的部分也会降低，这表明随着替代系数 γ 的增大，采用两部定价合同对供应链协调的效率降低。

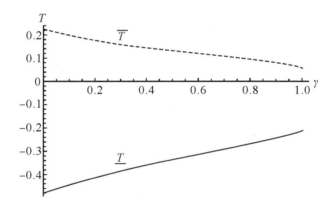

图 4-7 γ 对固定费用 T 上下界变化的影响

图 4-8 为 t 对固定费用 T 上下界的变化的影响，即 N-D 模型中平行产品的转运成本 t 与固定费用上下界关系的模拟图。由图 4-8 可知，制造商对分销商 F 收取的固定费用随着投机成本的上升而减小，在一定的参数范围内，制造商可以为分销商 F 提供补贴。事实上，平行进口贸易成本的增加会削弱平行产品

在市场 1 中的竞争力，进而减弱平行产品对市场 1 中授权渠道产品市场份额的冲击力。因此，当投机成本增加时，分销商 F 能从销售平行产品中获得的利润降低，进而制造商也会向其收取更低的固定费用，甚至可以为分销商 F 提供补贴。当投机成本上升时，市场 1 中平行产品的竞争力将减弱，制造商由于平行产品销量减小而从市场 1 中授权渠道产品的销售中获益。因此，当平行进口贸易成本增加时，制造商采用两部定价合同时，对分销商 F 收取的固定费用也会降低。综上所述，N-D 模型中存在平行进口情况下制造商对分销商 F 收取的固定费用满足（4-25）式，能实现供应链节点企业的帕累托改进。

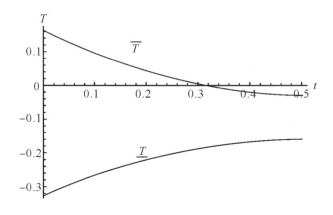

图 4-8　t 对固定费用 T 上下界的变化的影响

4.5　讨论

首先本小节首先将讨论本章 D-F 模型与 N-D 模型中市场均衡时各参与者的运作策略差异；其次讨论本章模型与第 3 章中的模型在市场均衡时的相应的运作策略的差异；最后由于供应链整体利润表达式较为复杂，在比较本章与第 3 章中的模型的整体利润时，将采用数值分析的方法进行。这里需要说明的是，由于我们在第 3 章中假定生产、运输成本忽略不计，因此，本节在接下来的比较中假定第 4 章中平行产品的运输成本为 0。

结论 4-7 存在批发价格合同情况下：

①N-D 模型中制造商对分销商 F 制定的批发价格小于本章 D-F 模型中制造商对分销商 F 制定的批发价格，即 $w_2^{\mathrm{II}} < w_2^{\mathrm{I}}$；

②N-D 模型中市场 1 中授权渠道产品的销量大于本章 D-F 模型中市场 1 的授权渠道产品销量，即 $q_1^{\mathrm{II}} > q_1^{\mathrm{I}}$；

③N-D 模型中分销商 F 的授权渠道产品销量大于 D-F 模型中的授权渠道产品销量，即 $q_2^{\mathrm{II}} > q_2^{\mathrm{I}}$。

证明：我们将 N-D 模型中批发价格表达式（4-13）式减去 D-F 模型中批发价格表达式（4-6）式得

$$w_2^{\mathrm{II}} - w_2^{\mathrm{I}} = -\frac{\gamma[\,2 + \gamma + b(2 - \gamma + \gamma t)\,]}{2(1 + b)[\,2 + b(2 - \gamma^2)\,]} < 0$$

我们将（4-23）式与（4-7）式中的产品销量相比较可得

$$q_1^{\mathrm{II}} - q_1^{\mathrm{I}} = \frac{4 + 6\gamma + b(2 - \gamma + \gamma t)(2 - \gamma^2) - 2\gamma(t + 2\gamma + \gamma^2)}{4(2 - \gamma^2)[\,2 + b(2 - \gamma^2)\,]} > 0$$

$$q_2^{\mathrm{II}} - q_2^{\mathrm{I}} = \frac{b\gamma[\,2 + \gamma + 2b - b\gamma(1 - t)\,]}{4(1 + b)[\,2 + b(2 - \gamma^2)\,]} > 0$$

证毕。

结论 4-7 中给出了存在批发价格合同情况下本章 N-D 模型与 D-F 模型中各参与者运作策略的差异。在结论中没有给出两种模型中平行产品销量的差异，因为 N-D 模型中平行产品的销量有可能大于或小于 D-F 模型中的平行产品的销量。此外，存在两部定价合同情况下 N-D 模型中相应的批发价格与产品销量与 D-F 模型中的均相等。

由于本章 D-F 模型中的供应链结构与第 3 章 D-F 模型中的供应链结构相类似，本章 N-D 模型中的供应链结构与第 3 章 N-D 模型供应链结构相类似，因此，接下来的讨论将从以下三个方面进行。首先，将比较存在批发价格合同情况下本章 D-F 模型与第 3 章 D-F 模型中各参与者的均衡策略及利润差异；其次，比较存在批发价格合同情况下本章 N-D 模型与第 3 章 N-D 模型的各参与者的均衡策略及利润差异；最后，将本章存在两部定价合同情况下产品的销量及整体利润与第 3 章集中化决策下的产品销量及利润进行比较。

结论 4-8　存在批发价格合同情况下，与第 3 章 D-F 模型的市场均衡相比：

①本章 D-F 模型中制造商对分销商 D 的批发价格 w_1 较高；

②本章 D-F 模型中制造商对分销商 F 的批发价格 w_2 较高；

③本章 D-F 模型中市场 1 中授权渠道产品的销量 q_1 较低；

④本章 D-F 模型中平行产品的销量 q_t 较高。

证明：我们将本章 4.2.3 节中制造商对两个分销商的批发价格（4-6）式减去第 3 章 3.2.3 节中（3-11）式的批发价格，可得

$$\Delta w_1 = \frac{\gamma(b-1)}{4(1+b)(1+2b)} > 0$$

$$\Delta w_2 = \frac{b-1}{2+6b+4b^2} > 0$$

由以上两式的结果可证明结论 4-8 中①和②成立。

另外

$$\Delta q_1 = -\frac{\gamma(12-2\gamma-5\gamma^2)}{4(2-\gamma^2)[8-3\gamma^2+8b(2-\gamma^2)]} < 0$$

$$\Delta q_t = \frac{16(5+b)A_6 - 8\gamma A_1 A_6 - 12\gamma^2(5+11b) + 2\gamma^3 A_1 A_6 + \gamma^4 A_7}{8A_1 A_6(2-\gamma^2)[8-3\gamma^2+8b(2-\gamma^2)]}$$

其中，$A_1 = 1+b$，$A_6 = 1+2b$，$A_7 = (11+25b-6b^2)$。

由以上两式的结果可证明结论 4-8 中③和④成立。证毕。

结论 4-8 给出了存在批发价格合同下本章 N-D 模型与第 3 章 N-D 模型的各参与者的均衡策略的差异。直觉上，为了降低平行产品对市场 1 中授权渠道产品的侵蚀力度，第 3 章 D-F 模型的批发价格 w_1 要低于第 4 章 D-F 模型中制造商对分销商 D 制定的批发价格。然而并非如此，第 4 章中平行产品的采购成本为分销商 F 的批发价格，因此，市场 1 中平行产品的竞争能力相对较强，从而抑制了分销商 D 的加价行为，制造商可从提高针对分销商 D 制定的批发价格中获利。

在比较存在批发价格合同情况下本章 N-D 模型与第 3 章 N-D 模型的各参与者的均衡策略差异时发现，本章 N-D 模型中均衡批发价格和产品销量会高于或低于第 3 章 N-D 模型中的均衡批发价格和产品销量。因此，这里就不进行详细的叙述。

接下来，我们将通过数值分析的方法讨论本章 D-F 模型供应链整体利润与第 3 章 D-F 模型中供应链整体利润的差异，分别令 $b=2$、$b=3$、$b=4$、$b=10$，可得到替代系数 $\gamma \in [0, 1]$ 时供应链整体利润的差异的变化趋势。

图 4-9 给出了本章 D-F 模型与第 3 章 D-F 模型供应链整体利润的差异的变化趋势。从图中可以看出，首先，本章 D-F 模型中供应链的整体利润高于第 3 章 D-F 模型中供应链的整体利润。这点是很容易理解的，因为在本章 D-F 模型中分销商 F 参与平行进口贸易，平行产品的成本是分销商 F 的批发价格（第 3 章中平行产品的成本是市场 2 中产品的市场价格），所以平行产品在市场 1 中具有相对较强的竞争力，而市场 1 中两类产品的横向竞争有助于削弱供应链的纵向双重边际效应，因此，本章 D-F 模型中供应链整体利润较高。其次，随着市场 2 中产品弹性系数的增加，本章 D-F 模型与第 3 章 D-F 模型中供应链整体的利润差异增大。这也是很容易理解的，因为市场 2 中产品弹性系数越大，市场 2 中产品价格降低，销量随之增加，从而制造商更可能降低批发价格以促使产品销量的增加。由此，平行产品的成本也就越低，进而在市场 1 中更具有相对竞争力，对供应链纵向双重边际效应的削弱作用越明显。因此，市场 2 中产品弹性系数越大，本章 D-F 模型与第 3 章 D-F 模型中供应链整体的利润差异也越大。

同样令 $b=2$、$b=3$、$b=4$、$b=10$，我们讨论本章 N-D 模型供应链整体利润与第 3 章 N-D 模型中供应链整体利润的差异。替代系数 $\gamma \in [0, 1]$ 时可得出供应链整体利润的差异的变化趋势。

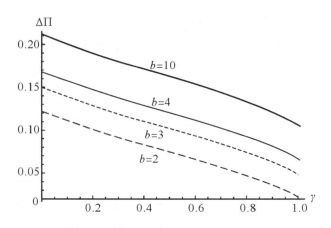

图 4-9 本章 D-F 模型与第 3 章 D-F 模型供应链整体利润的差异的变化趋势

图 4-10 给出了本章 N-D 模型与第 3 章 N-D 模型中供应链整体利润的差异的变化趋势。从图中可以看出，首先，本章 N-D 模型中供应链整体利润小于第 3 章 N-D 模型中供应链整体利润。直觉上，本章 N-D 模型中分销商 F 直接参与平行进口贸易时，并没有供应链之外的独立的平行进口贸易商分得部分利润，因此，本章 N-D 模型中供应链整体利润将高于第 3 章 N-D 模型中供应链的整体利润。事实上，在本章 N-D 模型中制造商与分销商 F 各自基于自身利润最大化进行决策，平行产品的成本更低，使得制造商和分销商 F 之间的纵向竞争更严重。因此，存在批发价格合同情况下，本章 N-D 模型的供应链整体利润较低。其次，随着市场 2 中产品弹性系数的增加，本章 D-F 模型与第 3 章 D-F 模型中供应链整体的利润差异减小。这一点是很容易理解的，因为市场 2 中的弹性系数较大时，制造商针对分销商制定较低的批发价格，从而本章 N-D 模型中制造商与分销商 F 的纵向竞争的竞争较弱。因此，市场 2 中产品弹性系数越大，本章 D-F 模型与第 3 章 D-F 模型中供应链整体的利润差异越小。

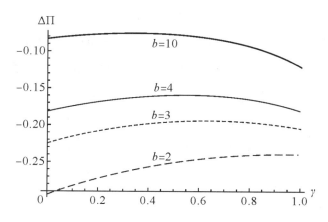

图 4-10 本章 N–D 模型与第 3 章 N–D 模型中供应链整体利润的差异的变化趋势

4.6 本章小结

本章研究了仅授权分销商参与平行进口贸易时供应链运营决策及协调的问题。首先考虑由一个制造商和两个分别处于不同国家市场的分销商组成的供应链，并且其中一个分销商直接参与平行进口贸易。通过构建制造商、分销商及平行进口贸易商构成的三阶段 Stackelberg 博弈模型，我们运用逆向归纳法求解制造商、分销商及平行进口贸易商的运作策略。在此基础上，我们一方面比较市场均衡时，存在平行进口与市场完全分割下各参与者的运作策略及其所获得的利润，分析平行进口带来的影响；另一方面，将本章参与者序贯决策情形下的结果与已有文献中授权渠道与平行进口贸易商同时决策的相关结论进行比较，分析两种决策模式的差异。其次，我们引入两部定价合同对平行进口贸易环境下供应链进行协调以实现绩效的提升，并给出实施两部定价合同可行的参数范围。研究表明：①平行产品的流入将削弱制造商与分销商 D 之间的纵向双重边际效应；②与分销商 D 和平行进口贸易商同时决策对比，序贯决策下制造商与分销商 D 之间的双重边际效应较弱；③与分销商 D 和平行进口贸易商同时决策对比，序贯决策下制造商和分销商 D 的利润较高，分销商 F 的利润较低；④采用两部定价对供应链进行协调时，与分销商 D 和平行进口贸易商同时决策对比，授权渠道产品销量和平行产品销量相等。再次，基于供应链结构的完备性考虑，本章将模型结构拓展为：由单个制造商和单个分销商组成的供应链，并且该分销商同时还参与平行进口贸易。类似地，通过求解制造商、分销商（平行进口贸易商）的博弈模型，得出制造商、分销商（平行进口贸易商）的最优运作决策。在此基础上，我们一方面比较市场均衡时存在平行进口与市场完全分割下各参与者的运作策略及其所获得的利润，分析平行进口带来的影响；另一方面将本章参与者序贯决策情形下的结果与已有文献中授权渠道与平行进口贸易商同时决策的相关结论进行比较，分析两种决策模式的差异。最后，我们引入两部定价合同对平行进口贸易环境下供应链节点企业进行协调，并给出实施两部定价合同可行的参数范围。通过对拓展模型进行分析可知：①随着替代系数或投机成本的增大，制造商向分销商收取的固定费用取值空间将减小；②将本章模型与第 3 章相应的模型进行比较，分销商 F 参与平行进口贸易时供应链的利润高于独立平行进口贸易商参与平行进口贸易时供应链的利润。

以往关于平行进口的文献仅研究存在平行进口时企业的运作策略以及相应的应对策略，并且假定平行进口贸易商与平行产品流入市场中的授权渠道是同时决策的，没有从供应链协调的角度进行研究。因此，本章的研究为平行进口贸易环境下供应链的运作决策提供了理论依据和决策参考。

5 同时存在两类平行进口贸易商时供应链运营决策及协调机制研究

毕马威会计师事务所的调查研究表明,许多原始设备制造商(OEM)的产品在销售的过程中不仅存在独立的机构参与平行进口的套利行为,同时还存在授权分销商参与平行进口贸易的套利行为。对于一些奢侈品,除了可以通过"代购"等方式购买,一些国外品牌店开通了网购,如 ePass 允许海外品牌店通过其现有网站直接向中国消费者出售产品。在第 3 章和第 4 章,我们分别针对现实中仅存在独立的平行进口贸易商或仅存在授权分销商参与平行进口贸易的情形进行分析,接下来本章将对市场中同时存在两类投机者参与平行进口贸易的情形进行研究。由于授权分销商与独立平行进口贸易商采购产品具有不同的成本(二者层级不同),我们不能通过简单地设定相关参数,以防退化成第 3 章仅独立的平行进口贸易商参与投机的情形。

类似于第 3 章和第 4 章的研究,本章首先考虑由一个制造商和两个处于不同国家市场中的分销商组成的供应链,并且存在独立的平行进口贸易商与其中一个授权分销商同时参与平行进口贸易,研究存在批发价格合同情况下供应链的运作决策,并分析各参与者的最优运作策略和相应利润的一些重要性质。其次,在此基础之上我们引入由收益分享策略、补偿策略以及两部定价合同构成的组合策略设计协调机制对供应链进行协调,并给出该协调机制能有效实施的条件。再次,基于模型完备性的考虑,我们研究制造商在平行产品流入市场时直接销售产品的情形(其中授权分销商与独立平行进口贸易商均参与平行进口贸易）。最后，我们引入由两部定价合同及补偿策略构成的组合策略对供应链进行协调，并将本章与第3章和第4章的相关结论进行对比。

本章结构安排为：5.1节为模型描述；5.2节为集中化决策，研究该情形下的市场均衡；5.3节为分散化决策（D-F模型），研究存在授权分销商与独立的平行进口贸易商均参与平行进口贸易时的均衡决策，记为D-F模型；5.4节为供应链协调的组合策略，引入多种协调策略构成的组合契约对D-F模型中供应链绩效进行改进；5.5节为N-D模型，即"制造商在市场1中直接销售产品，在市场2中通过分销商销售产品"，记为N-D模型；5.6节为数值分析，并给出更深层次的管理意义；5.7节为本章小结。

5.1 模型描述

我们假设制造商M作为上游企业生产一种产品，授权两个分销商分别在弹性不同的国家市场（记为"市场1"和"市场2"）销售产品。两个分销商（记为"D"和"F"）作为下游企业向制造商M订购产品，并销售产品以获取利润。假设两个市场完全分割时的线性需求函数①分别为$Q_1 = 1 - p_1$、$Q_2 = 1 - bp_2$，其中市场规模标准化为1，b为市场2的弹性系数（$b > 1$），Q_i为市场i中产品的需求量。由于在下文中考虑授权渠道产品与平行产品进行数量竞争，因此，我们将如上需求函数转换为逆需求函数：$p_1 = 1 - Q_1$、$p_2 = (1 - Q_2)/b$ [68]。

不同市场间的差异给平行进口贸易商带来了套利机会，假定投机者将产品从市场2中运往市场1中销售并进行套利，市场1中授权渠道产品与平行产品进行数量竞争（存在平行进口时供应链结构如图5-1）。图5-1中实线表示授

---

① 本章采用形式为$q_i = a_i - b_i p_i$的线性函数刻画市场需求，为了体现不同市场的差异性，并方便后文的比较，假设市场规模标准化为1，市场1的弹性系数为1，则市场2的弹性系数可以体现两个市场的相对关系。

权分销商也参与平行进口贸易。进一步，本章借鉴文献［44］对平行进口情形下市场 1 中两类产品的需求函数刻画如下：

$$p_i = 1 - q_i - \gamma q_j \quad i, j = 1, t \quad 且 i \neq j$$

其中，p_i 为相应的产品价格；q_i 为相应的产品销量；γ 为替代系数，可表征两类产品的差异程度（包括消费者对产品价值认知、售后服务和外观等）；下标 1 为市场 1 中与授权渠道产品相对应的指标；下标 t 为与平行产品相对应的指标。

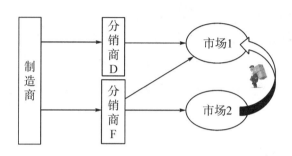

图 5-1　存在平行进口时供应链结构

事实上，平行产品仅为市场 1 中的消费者提供另外的供应渠道，平行产品途经市场 2 流向市场 1，最终在市场 1 中被消费，从而影响市场 1 的需求函数但是不影响市场 2 的需求函数[44]。因此，市场 2 中产品逆需求函数为 $p_2 = (1 - q_2)/b$，其中 q_2 表示市场 2 中消费者的实际需求。这里需指出，由于独立的平行进口贸易商转运销售的平行产品是从分销商 F 处采购的，因此，二者参与平行进口贸易的平行产品完全相同，即平行产品的销量 $q_t = q_{to} + q_{tf}$，其中 q_{to} 表示独立的平行进口贸易商 T 所销售的平行产品的销量，q_{tf} 表示分销商 F 参与平行进口贸易时销售平行产品的销量。

假设制造商、分销商以及平行进口贸易商都是追求自身利益最大化的理性决策者，并且事件按下面的顺序发生：

首先，制造商基于自身利润最大化，分别针对分销商 D 和分销商 F 制定批发价格策略；

其次，分销商 D 和分销商 F 根据制造商的批发价格和预期的市场状态，

基于自身利润最大化决策其产品销量;

最后,独立的平行进口贸易商在观察到两个市场中产品价格的差异后,基于自身利润最大化决策其平行产品的销量。

为了便于分析,本章还假定:①市场信息是完全的,分销商的订货量刚好满足需求;②生产、运输和库存成本忽略不计[42,71]。

本章所用的符号说明如下:

符号 I 、III 分别表示 D–F 模型与 N–D 模型中相应的指标变量;

上标 * 表示供应链集中化决策时的指标变量;

符号 s 和 f 分别表示本章设计契约中的补偿比例与转移支付;

符号 π_i 表示参与者 i 的利润,$i = M$,D,F,T;

符号 w_i 表示制造商分别针对分销商 D 和 F 制定的批发价格,$i = 1$,2。

5.2 集中化决策

第 3 章 3.3 节给出了集中化决策,集中化决策是供应链运营的一种理想状态,此时制造商 M 和分销商 F 相当于一个企业的两个部门,他们都以整体利润最大化为决策目标。此情形下的决策是全局最优,也是分散化供应链效率改进的基准。为方便论述,这里将给出集中化决策的市场均衡,但是对相关的性质不进行重复分析。

由于本书中没有将独立的平行进口贸易商作为供应链节点企业考虑。因此,在供应链集中化决策情况,供应链整体与独立平行进口贸易商构成一个两阶段 Stackelberg 博弈模型。本节中市场均衡时相应的指标以右上标 " c " 标记。

在第二阶段的博弈中,对于给定的市场状态,平行进口贸易商选择最优的平行产品销量 q_t 以最大化其自身利润,其决策目标可描述为

$$\max_{q_{to}} \pi_t = (p_t - p_2)q_{to} = \left[(1 - q_{to} - \gamma q_1) - \frac{1 - q_2}{b} \right] q_{to} \qquad (5-1)$$

依据其利润最大化的一阶条件，我们可求出平行进口贸易商的最优反应策略为

$$q_{to} = \frac{b(1 - \gamma q_1) - (1 - q_2)}{2b} \tag{5-2}$$

在第一阶段的博弈中，制造商基于平行进口贸易商的反应策略，制定供应链整体利润最大化下的运作策略，其决策目标可描述为

$$\max_{q_1, q_2} \pi^c = p_1 q_1 + p_2 (q_2 + q_t) \tag{5-3}$$

我们将两个市场中的产品需求函数和平行进口贸易商的最优反应策略(5-2)式代入（5-3）式，并基于供应链整体利润最大化的一阶条件可求得市场 1 和市场 2 中授权渠道产品销量，并将产品销量 q_1 和 q_2 代入平行产品销量 q_{to}，可得供应链授权渠道集中化决策时，市场 1 和市场 2 中授权渠道产品销量以及平行产品销量分别为

$$\begin{cases} q_1^c = \dfrac{(2 - \gamma)}{2(2 - \gamma^2)} \\[3mm] q_2^c = \dfrac{2 + b}{2(1 + 2b)} \\[3mm] q_{to}^c = \dfrac{b(4 - 2\gamma - \gamma^2) - (1 + \gamma - \gamma^2)}{2(1 + 2b)(2 - \gamma^2)} \end{cases} \tag{5-4}$$

我们将（5-4）式分别代入（5-3）式和（5-1）式，可得到集中化供应链以及平行进口贸易商的利润函数分别为

$$\begin{cases} \pi^c = \dfrac{1}{4}\left(\dfrac{4 - b}{1 + 2b} + \dfrac{3 - 2\gamma}{2 - \gamma^2}\right) \\[4mm] \pi_t^c = \dfrac{[b(4 - 2\gamma - \gamma^2) - (1 + \gamma - \gamma^2)]^2}{4(1 + 2b)^2 (2 - \gamma^2)^2} \end{cases} \tag{5-5}$$

本书已经在第 3 章 3.3 节中给出集中化决策下平行进口的出现对供应链相关影响的分析，这里对相关的性质就不再叙述。

5.3 分散化决策（D-F 模型）

现实中，供应链中各成员通常属于不同的经济实体，有各自的利益诉求，他们往往把自身利润最大化作为决策目标，即供应链分散化决策。在分散化决策情形下，供应链节点企业及独立平行进口贸易商 T 均以自身利润最大化为目标。由于高额利益的驱使，分销商 F 也有可能参与平行进口贸易。然而，制造商在预测到分销商 F 将参与平行进口贸易时，有可能会提高批发价格 w_2 以增加平行产品的成本。因此，分销商 F 参与平行进口贸易时未必能获取更高的利润。在分析分销商 F 是否有参与平行进口贸易的动机时，我们需要将分销商 F 同时参与平行进口贸易与不参与平行进口贸易的结果进行比较，而第 3 章 3.2 节是对分销商 F 不参与平行进口贸易情形进行的分析，因此，本节将不重复分析"仅存在独立平行进口贸易商进行平行进口贸易的情形"。

分散化决策情形下，制造商、分销商及独立的平行进口贸易商基于各自利益最大化的决策构成了一个三阶段的 Stackelberg 博弈模型。根据事件的发生顺序，我们将博弈模型划分为三个阶段：首先，制造商以自身利益最大化为目标分别针对分销商 D 和分销商 F 制定批发价格；其次，分销商 D 和分销商 F 在制造商给定批发价格的情况下和基于独立的平行进口贸易商的反应策略，分别以自身利益最大化为目标决策各自市场中的产品销量；最后，平行进口贸易商基于制造商和分销商的决策确定其平行产品的销量。与前第 3 章和第 4 章类似，本章采用逆向归纳法求解模型。

在第三阶段的博弈中，平行进口贸易商基于制造商和分销商的决策选择自身利润最大化的平行产品销量 q_t，从而其决策目标可描述为

$$\max_{q_w} \pi_t = (p_t - p_2)q_{to} = \left[(1 - q_{to} - q_{tf} - \gamma q_1) - \frac{1 - q_2}{b} \right]q_{to} \quad (5-6)$$

依据独立的平行进口贸易商最优决策的一阶条件，根据（5-6）式对 π_t

求平行产品销量 q_t 的一阶导数，求出其最优反应策略为

$$q_{to} = \frac{b - 1 + q_2 - b(\gamma q_1 + q_{tf})}{2b} \qquad (5-7)$$

从上式可知，独立的平行进口贸易商的产品销量 q_{to} 与分销商 D 和分销商 F 的产品销量均呈负向影响关系。这是因为在市场 1 中此三者之间存在横向竞争关系。

在第二阶段的博弈中，分销商 D 和分销商 F 分别在制造商给定批发价格 w_1 和 w_2 情况下，基于独立平行进口贸易商的最优反应策略（5-7）式，分别决策自身利润最大化的产品销量 q_1、q_2 和 q_{tf}，从而其决策目标可描述为

$$\begin{cases} \max\limits_{q_1} \pi_D = (p_1 - w_1)q_1 = q_1[1 - q_1 - \gamma(q_{to} + q_{tf}) - w_1] \\ \max\limits_{q_2, q_{tf}} \pi_F = (p_2 - w_2)(q_2 + q_{to}) + (p_t - w_2)q_{tf} \end{cases} \qquad (5-8)$$

我们将平行产品的价格函数和平行进口贸易商的最优反应策略代入（5-8）式，对 π_D 求出市场 1 中授权渠道销量 q_1 的一阶导数和对 π_F 求出产品销量 q_2 和 q_{tf} 的一阶导数分别为

$$\begin{cases} \dfrac{\partial \pi_D}{\partial q_1} = \dfrac{(2 - \gamma)b + \gamma - 2b(2 - \gamma^2)q_1 - \gamma(q_2 + bq_{tf}) - 2bw_1}{2b} \\ \dfrac{\partial \pi_F}{\partial q_2} = \dfrac{2 + b + \gamma bq_1 - (1 + 2b)(2q_2 + bw_2)}{2b^2} \\ \dfrac{\partial \pi_F}{\partial q_{tf}} = \dfrac{1}{2}(1 - \gamma q_1 - 2q_{tf} - w_2) \end{cases} \qquad (5-9)$$

从上式中第一部分可以明显看出，$\dfrac{\partial^2 \pi_D}{\partial q_1^2} < 0$，这表明利润函数 π_D 是分销商 D 在市场 1 中产品销量 q_1 的凹函数；从该式第二部分和第三部分可以明显看出 $\dfrac{\partial^2 \pi_F}{\partial q_2^2} < 0$、$\dfrac{\partial^2 \pi_F}{\partial q_{tf}^2} < 0$，这表明利润函数 π_F 是分销商 F 的产品销量 q_2 和 q_{tf} 的凹函数。因此，在制造商给定批发价格 w_1 和 w_2 情况下，基于平行进口贸易商的最优反应策略，分销商 D 和分销商 F 的最优决策 q_1、q_2 和 q_{tf} 满足一阶条件等式

$\frac{\partial \pi_D}{\partial q_1} = 0$、$\frac{\partial \pi_F}{\partial q_2} = 0$ 和 $\frac{\partial \pi_F}{\partial q_{tf}} = 0$，由此可求出存在平行进口情形下分销商 D 和分销商 F 的产品销量分别为

$$\begin{cases} q_1 = \dfrac{2 + 4b - 3b\gamma - 2(1 + 2b)w_1 + (1 + 2b)\gamma w_2}{4 + 8b - 2\gamma^2 - 5b\gamma^2} \\[4mm] q_2 = \dfrac{4(2 + b) + 2b\gamma - 4(1 + b)\gamma^2 - 2b\gamma w_1 - b(4 + 8b - 3\gamma^2 - 5b\gamma^2)w_2}{8(1 + 2b) - 2(2 + 5b)\gamma^2} \\[4mm] q_{tf} = \dfrac{1}{2}\left\{ 1 - w_2 - \dfrac{\gamma[2 + 4b - 3b\gamma - 2(1 + 2b)w_1 + \gamma(1 + 2b)w_2]}{4(1 + 2b) - 2(2 + 5b)\gamma^2} \right\} \end{cases}$$

$$(5\text{-}10)$$

（5-10）给出了分销商 D 和分销商 F 的最优决策函数 $q_1(w_1, w_2)$、$q_1(w_1, w_2)$ 和 $q_{tf}(w_1, w_2)$。

在第一阶段的博弈中，制造商根据两个分销商和独立平行进口贸易商的最优反应策略（5-7）式和（5-10）式，并以自身利润最大化为目标决策批发价格，从而其决策目标可描述为

$$\max_{w_1, w_2} \pi_M = w_1 q_1 + w_2(q_2 + q_{to} + q_{tf}) \qquad (5\text{-}11)$$

我们将最优反应策略式（5-7）式代入（5-11）式，然后将分销商 D 和分销商 F 的订货量反应函数（5-10）式代入（5-11）式，依据制造商最优决策的一阶条件，分别求批发价格 w_1 和 w_2。我们将批发价格表达式代入（5-10）式和（5-7）式可得定理 5-1。

定理 5-1 分销商 F 与独立的平行进口贸易商均参与平行进口贸易时，在分散化决策情形下，制造商、分销商 D、分销商 F 以及独立的平行进口贸易商的均衡策略为

$$
\begin{cases}
w_1^{\mathrm{I}} = \dfrac{1}{4}\Big[2 + \dfrac{\gamma(2+b-3b^2)}{(1+b)(1+2b)}\Big] \\[4mm]
w_2^{\mathrm{I}} = \dfrac{1}{1+b} \\[4mm]
q_1^{\mathrm{I}} = \dfrac{2 + b(4-3\gamma)}{8 + 16b - 2\gamma^2(2+5b)} \\[4mm]
q_2^{\mathrm{I}} = \dfrac{8(1+2b)\big[b(2-b)+2\big] + 2b\gamma(1+b)(1+2b) - \gamma^2\big[8+28b+b^2(19-7b)\big]}{4(1+b)(1+2b)\big[4+8b-\gamma^2(2+5b)\big]} \\[5mm]
q_{to}^{\mathrm{I}} = \dfrac{b^2(16-4\gamma-7\gamma^2) - 2b(4+\gamma-3\gamma^2) - 8 + 4\gamma^2}{4(1+2b)\big[4+8b-\gamma^2(2+5b)\big]} \\[5mm]
q_{tf}^{\mathrm{I}} = \dfrac{b^2(16-4\gamma-7\gamma^2) + b(8-6\gamma-\gamma^2) + 2\gamma}{4(1+b)\big[4+8b-\gamma^2(2+5b)\big]}
\end{cases}
$$

$$(5-12)$$

定理 5-1 给出了分散化决策情形下制造商、分销商 D、分销商 F 以及独立的平行进口贸易商的均衡策略。

我们将本节中分销商 F 参与平行进口贸易时（5-12）式中的批发价格与第 3 章中分销商 F 不参与平行进口贸易的批发价格（3-11）式进行比较，可得结论 5-1。

结论 5-1 平行进口贸易环境下，与分销商 F 不参与平行进口贸易情形中的批发价格相比，分销商 F 参与平行进口贸易时，制造商制定的批发价格 w_1^{I} 较低，制造商制定的批发价格 w_2^{I} 较高。

证明：我们将（5-12）式中的批发价格减去（3-11）式的批发价格，可得

$$
\Delta w_1 = -\frac{b\gamma(b-1)}{4(1+2b)(1+b)} < 0
$$

$$
\Delta w_2 = \frac{b-1}{2(1+b)(1+2b)} > 0
$$

以上两个表达式的结果是对结论 5-1 的证明。证毕。

结论 5-1 给出了分销商 F 参与平行进口贸易和不参与平行进口贸易两种情形中制造商制定的批发价格之间的关系。事实上，分销商 F 参与平行进口贸易与

独立的平行进口贸易商参与平行进口贸易两类情形中存在层级差异，即分销商 F 参与平行进口贸易时平行产品的成本为批发价格 w_2，而独立平行进口贸易商进行平行进口贸易时平行产品的成本为市场 2 中产品价格 p_2。在分销商 F 参与平行进口贸易的情形下，市场 1 中授权渠道产品与平行产品的竞争程度要强于独立平行进口贸易商进行投机的情形。因此，在分销商 F 直接参与平行进口贸易的情形中，制造商为了保证市场 1 中授权渠道产品的市场份额，将降低针对分销商 D 制定的批发价格，以提升市场 1 中授权渠道产品的竞争能力，同时将提升对分销商 F 的批发价格，以削弱平行产品的竞争能力。因此，平行进口贸易环境下，与分销商 F 不参与平行进口贸易情形中的批发价格相比，分销商 F 参与平行进口贸易时，制造商制定的批发价格 w_1^1 较低，制造商制定的批发价格 w_2^1 较高。

接下来，我们对平行产品的表达式 q_{to}^1 和 q_{tf}^1 进行分析，得出结论 5-2。

结论 5-2 同时存在两类投机者时：

①市场 2 中弹性系数满足 $1 < b < b_2$，独立平行进口贸易商的产品销量 $q_{to}^1 = 0$，授权分销商的产品销量 $q_{tf}^1 > 0$；

②当满足条件 $b > b_2$ 时，分销商 F 和独立的平行进口贸易商的平行产品销量均大于 0，即 $q_{tf}^1 > 0$，$q_{to}^1 > 0$，其中，

$$b_2 = \frac{4 + \gamma - 3\gamma^2 + \sqrt{144 - 24\gamma - 143\gamma^2 + 10\gamma^3 + 37\gamma^4}}{16 - 4\gamma - 7\gamma^2}。$$

证明：我们对（5-12）式中平行产品销量表达式 q_{to}^1 和 q_{tf}^1 进行分析。

由 q_{tf}^1 的表达式可以看出，其正负号由分子的符号确定，分子表达式为

$$(16 - 4\gamma - 7\gamma^2)b^2 + (8 - 6\gamma - \gamma^2)b - 2\gamma$$

上式中一个根小于 0，并记另外一个大于 0 的根为 b_1，b_1 具体表达式为

$$b_1 = \frac{6\gamma + \gamma^2 - 8 + \sqrt{64 + 32\gamma - \gamma^2(12 + 44\gamma - \gamma^2)}}{32 - 8\gamma - 14\gamma^2}$$

对上式进行分析可知，由 $\gamma < 1$ 得 $\frac{db_1}{d\gamma} > 0$，并且 $\lim\limits_{\gamma \to 1^-} b_1 < 1$。

由 q_{to}^1 的表达式可以看出，其正负号由分子的符号确定，分子表达式为

$$(16 - 4\gamma - 7\gamma^2)b^2 - 2(1 + \gamma)(4 - 3\gamma)b - 8 + 4\gamma^2$$

其分子是关于弹性系数 b 的开口向上的二次函数，同样记上式大于 0 的根为 b_2，如具体表达式为

$$b_2 = \frac{4 + \gamma - 3\gamma^2 + \sqrt{144 - 24\gamma - 143\gamma^2 + 10\gamma^3 + 37\gamma^4}}{16 - 4\gamma - 7\gamma^2}$$

比较可知，$b_2 > 1$，并且根据假设条件，有 $b > 1$。因此，综合以上分析可得结论 5-2。证毕。

结论 5-2 给出了分销商 F 与独立的平行进口贸易商参与平行进口贸易的市场条件。两类投机者在产品链中处于不同的层级，导致了他们进行平行进口贸易时具有不同的成本。当市场 2 中弹性系数较小时（$1 < b < b_2$），两个市场的差异较小，独立的平行进口贸易商的套利空间原本就很小，而分销商 F 直接参与平行进口贸易将使得独立的平行进口贸易商无利可图。而市场 2 中弹性系数较小时（$b > b_2$），两个市场的差异较大，虽然分销商 F 参与平行进口贸易降低了独立的平行进口贸易商的套利空间，但独立的平行进口贸易商还是有利可图。此外，弹性系数和替代系数对各参与者的产品销量的影响的分析与前面类似，因此，这里就不再进行分析。

5.4 供应链协调的组合策略

已有很多学者设计诸如"收益共享""价格补贴"和"两部定价"等契约对供应链进行协调。这些契约能使节点企业的利益目标达成一致，从而削弱或消除供应链中的双重边际效应。然而在本章设计的模型结构的供应链中，仅消除节点企业间的双重边际效应是不能实现供应链协调的[171]。在存在平行进口情形下，一方面如果制定的批发价格较低，虽然能削弱双重边际效应，但是平行进口贸易商的套利空间也会增大，进而平行产品对市场 1 中授权渠道产品的冲击力加强；另一方面如果制定的批发价格较高，虽然能阻止平行进口产品的

流入，但是也会使市场 2 的销量偏离最优值。因此，我们需要设计一种契约机制，既能削弱双重边际效应，还能引导分销商在一定程度上阻止平行进口贸易，并且要使得节点企业绩效达到帕累托改进。

基于以上问题，本小节考虑一种结构为 $(w_i, \varphi, \eta, T_i)$ 的补偿策略的组合契约对供应链进行协调。其中，w_i 为制造商向分销商提供产品的批发价格；φ 为制造商与分销商 D 之间的收益分享比例；η 为补偿比例，表示为了激励分销商 F 加强合作，将市场 1 中授权渠道产品的销售利润按一定比例补偿给分销商；T_i 为制造商保证自身利益不受损害，向分销商收取的作为享受补偿和低批发价的"特许费用"。该组合契约有如下特点：首先，一个较低的批发价格可以削弱节点企业间的双重边际效应；其次，为了激励分销商 F 加强合作以减轻市场 1 中授权渠道产品受到平行产品的冲击力度，制造商提供的补偿方案能将分销商 F 的收益与市场 1 中授权渠道产品的销量相关联，进而使得分销商 F 在一定程度上抑制平行进口贸易。另外，我们要利用该契约实现供应链协调，就必须使得在以上契约 $(w_i, \varphi, \eta, T_i)$ 下，供应链节点企业都能达到帕累托改进。

实施该契约时首先考察博弈的第三阶段，平行进口贸易商基于制造商 M 和分销商的决策选择其利润最大化的平行产品销量 q_{to} 和 q_{t0}，从而其决策目标仍可描述为 (5-1) 式。根据平行进口贸易商 T 最优化决策的一阶条件可得其反应函数 (5-2) 式。

其次，在第二阶段博弈中，对于给定的契约参数 $(w_i, \varphi, \eta, T_i)$，并基于独立的平行进口贸易商的最优反应策略 (5-2) 式，分销商 D 和分销商 F 分别决策最大化自身利润的产品销量 q_1 和 q_2，从而其决策目标可描述为

$$\begin{cases} \max_{q_1} \pi_D = \varphi p_1 q_1 - w_1 q_1 - T_1 \\ \max_{q_2, q_{t'}} \pi_F = (p_2 - w_2)(q_2 + q_{to}) + \eta p_1 q_1 - T_2 \end{cases} \tag{5-13}$$

我们将需求函数与独立的平行进口贸易商的最优反应策略 (5-2) 式代入 (5-13) 式，并分别基于分销商 D 和分销商 F 的利润最大化一阶条件求出其运作策略 $q_1(w_1, w_2, \varphi, \eta)$ 和 $q_2(w_1, w_2, \varphi, \eta)$ 为

$$\begin{cases} q_1 = \dfrac{\varphi[4 + 8b + \gamma - 4b\gamma + \gamma A_1 w_2] - (4 + 8b)w_1}{\varphi[8 + 8b(2 - \gamma^2) - A_2]} \\[4mm] q_2 = \dfrac{\varphi[8 + 4b + b\gamma A_3 - A_2 - 2bA_1(2 - \gamma^2)w_2] - 2b\gamma(1 - \eta)w_1}{\varphi[8 + 8b(2 - \gamma^2) - A_2]} \end{cases} \quad (5\text{-}14)$$

其中，$A_1 = (1 + 2b)$，$A_2 = \gamma^2(3 + \eta)$，$A_3 = (2 - 3\gamma + \gamma\eta - 2\eta)$。

假设制造商分别向分销商 D 和分销商 F 收取"特许费用"后分销商的保留收益为 T_i^*，则

$$\begin{cases} T_1^* = \varphi p_1 q_1 - w_1 q_1 - T_1 \\[2mm] T_2^* = (p_2 - w_2)(q_2 + q_{to}) + \eta p_1 q_1 - T_2 \end{cases} \quad (5\text{-}15)$$

最后考察博弈的第一阶段，制造商选择最优的销量和批发价格以最大化自身利润，其决策目标可描述为

$$\max_{w_1, w_2} \pi_M = w_1 q_1 + (1 - \varphi)p_1 q_1 + w_2(q_2 + q_{to}) - \eta p_1 q_1 - T_1^* - T_2^*$$

我们将独立的平行进口贸易商反应策略（5-2）式、分销商 D 和分销商 F 的反应策略（5-14）式以及（5-15）式代入制造商的决策函数，并依据其最优决策的一阶条件可求得批发价格表达式。

定理 5-2 分销商 F 与独立的平行进口贸易商均参与平行进口贸易时，制造商对分销商 D 采用收益分享策略，同时对分销商 F 采用补偿策略，可实现供应链协调。制造商针对两个分销商分别制定的批发价格为

$$\begin{cases} w_1^* = \dfrac{3\gamma\varphi}{4 + 8b} \\[4mm] w_2^* = \dfrac{\gamma(2 - \gamma)(1 - \eta)}{2(1 + 2b)(2 - \gamma^2)} \end{cases} \quad (5\text{-}16)$$

定理 5-2 给出了实现供应链协调时，制造商分别针对分销商 D 和分销商 F 制定的批发价格；制造商与分销商 D 协商好收益分享比例，并同时与分销商 F 协商好补偿比例后，根据（5-16）式就可以确定相应的批发价格。

我们将（5-16）式代入（5-14）式和（5-2）式，并与集中化决策情形下的产品销量相比较可得

$$q_1^* = q_1^c$$

$$q_2^* = q_2^c$$

我们将（5-16）式代入各参与者的利润函数可得

$$
\begin{cases}
\pi_D^* = \dfrac{(2 - \gamma^2)\varphi}{8(2 - \gamma^2)} - T_1 \\[3mm]
\pi_F^* = \dfrac{2(3 - \gamma - \gamma^2)^2 + \eta A_4 [2 + b(2 - \gamma)A_4 + 5\gamma - 2\gamma^2(1 + \gamma)]}{4(1 + 2b)(2 - \gamma^2)^2} - T_2 \\[3mm]
\pi_M^* = \pi^c - \pi_D^* - \pi_D^*
\end{cases}
\qquad (5-17)
$$

其中，$A_4 = (2 - \gamma^2)$。

由于对供应链实施组合契约提升了供应链整体利润，并且制造商对每个分销商的利润进行调节，因此，将不难验证实施该组合契约能使得各参与者达到绩效帕累托改进。

5.5 N-D 模型

前面 4 个小节都考虑制造商在市场 1 和市场 2 中均通过分销商销售产品的情形。接下来本小节将考虑制造商在市场 1 中直接销售产品，在市场 2 中通过分销商 F 销售产品的情形，记为 N-D 模型。N-D 模型中关于市场条件的假设与 5.1 节模型描述中的假设基本相同，N-D 模型的供应链结构如图 5-2 所示。

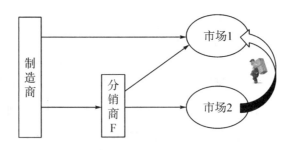

图 5-2 N-D 模型的供应链结构图

N–D 模型中各事件的发生顺序如下：

首先，制造商基于自身利润最大化，决策其在市场 1 中的运作策略并同时制定针对分销商 F 的批发价格策略；

其次，分销商 F 根据制造商的批发价格和预期的市场状态，基于自身利润最大化决策其产品销量；

最后，独立的平行进口贸易商在观察到两个市场中产品的价格存在差异之后，确定其转运销售平行产品的数量。

5.5.1 N–D 模型的市场均衡

在分散化决策情形下，供应链节点企业及独立的平行进口贸易商 T 均以自身利润最大化为目标。由于高额利益的驱使，分销商 F 也可能参与平行进口贸易。然而，制造商在预测到分销商 F 将参与平行进口贸易时，会提高批发价格 w_2 以增加平行进口贸易的成本。因此，分销商 F 参与平行进口贸易未必能获取更高的利润。下面将分析分销商 F 是否有参与平行进口贸易的动机。由于第 3 章中的 N–D 模型就是本小节仅独立的平行进口贸易商进行平行进口贸易的情形，为了方便比较分析，本小节给出市场均衡并从不同的角度进行分析。

仅投机者 T 进行平行进口贸易的情形：考虑仅独立平行进口贸易商 T 参与平行进口贸易，其从市场 2 中购买产品，然后销售到市场 1 中以获取利润。模型中各事件发生的顺序依次为：首先，制造商决策，给出使其自身利润最大化的产品销量 q_1 和批发价格 w_2；其次，分销商 F 基于给定的批发价格和投机者的反应策略选择产品销量 q_2；最后，投机者 T 基于制造商和分销商的决策确定自身利润最大化的平行产品销量 q_{to}。由于与第 3 章中 N–D 模型的情形相同，本小节仍然采用第 3 章 N–D 模型中的符号右上标"Ⅲ"对相应的变量进行标记。由于具体的博弈过程在第三章已经详细论述，此处将省略具体的步骤。

仅平行进口贸易商 T 参与平行进口贸易和市场均衡时，制造商 M、分销商 F 和投机者 T 的最优策略为

$$\begin{cases} w_2^{\text{III}} = \dfrac{3}{2+4b} \\[4mm] q_1^{\text{III}} = \dfrac{4+8b-\gamma(4b-1)}{8(1+2b)-2\gamma^2(1+4b)} \\[4mm] q_2^{\text{III}} = \dfrac{[2(4-b)+2b\gamma](1+2b)-\gamma^2(2+7b)}{2(1+2b)[4-\gamma^2+4b(2-\gamma^2)]} \\[4mm] q_{to}^{\text{III}} = \dfrac{1}{2}\Big[\dfrac{b-1}{1+2b}+\dfrac{4b(1-\gamma)-1-\gamma}{4-\gamma^2+4b(2-\gamma^2)}\Big] \end{cases} \tag{5-18}$$

我们将（5-18）式的均衡策略代入相应参与者的利润函数可得

$$\begin{cases} \pi_M^{\text{III}} = \dfrac{13+4b^2(2-\gamma)^2+2\gamma(1-\gamma)+b(34-4\gamma-11\gamma^2)}{4(1+2b)[4-\gamma^2+4b(2-\gamma^2)]} \\[4mm] \pi_F^{\text{III}} = \dfrac{(1+2b)(3-\gamma-\gamma^2)^2}{2[4-\gamma^2+4b(2-\gamma^2)]^2} \\[4mm] \pi_t^{\text{III}} = \dfrac{[5+\gamma-\gamma^2+b(2+6\gamma-3\gamma^2)-4b^2(4-2\gamma-\gamma^2)]^2}{4(1+2b)^2[4-\gamma^2+4b(2-\gamma^2)]^2} \end{cases} \tag{5-19}$$

根据市场均衡时制造商 M、分销商 F 和投机者 T 的最优策略表达式，并结合实际意义对最优策略进行分析，我们得出以下结论：

结论 5-3 仅投机者 T 参与平行进口贸易时：

①存在平行进口时市场 2 的弹性需满足条件 $b_3 < b < b_4$。

②产品销量 q_1^{III}、q_2^{III}（q_{to}^{III}）随弹性系数 b 的增大而降低（升高）。

③存在 $\gamma^* \in (0,1)$，当 $\gamma < \gamma^*$ 时，产品销量 q_1^{III} 随替代系数增大而降低；当 $\gamma > \gamma^*$ 时，产品销量 q_1^{III} 随替代系数增大而升高，产品销量 q_2^{III}（q_{to}^{III}）随替代系数增大而增大（降低）。其中：

$$b_3 = \frac{2+6\gamma-3\gamma^2+\sqrt{324-72\gamma-152\gamma^2-20\gamma^3+25\gamma^4}}{8(4-2\gamma-\gamma^2)}$$

$$b_4 = \frac{14+2\gamma-7\gamma^2+\sqrt{324-72\gamma-224\gamma^2+4\gamma^3+49\gamma^4}}{2(4-4\gamma)}$$

证明：由（5-18）式中平行产品销量 q_{to}^{III} 表达式可知，其分母恒大于 0；分子为关于弹性系数 b 的开口向上二次函数，令 $q_{to}^{\text{III}}=0$，求出表达式的两个根

（一正一负），记大于 0 的根为 b_3。由（5-18）式中市场 2 的产品销量 $q_2^{\text{Ⅲ}}$ 表达式可知，其分母恒大于 0；分子为关于弹性系数 b 的开口向下二次函数，令 $q_2^{\text{Ⅲ}} = 0$，求出表达式的两个根（一正一负），记大于 0 的根为 b_4。综上所述，当仅平行进口贸易商 T 进行套利投机时，平行进口需满足的条件：$b_3 < b < b_4$。其中：

$$b_3 = \frac{2 + 6\gamma - 3\gamma^2 + \sqrt{324 - 72\gamma - 152\gamma^2 - 20\gamma^3 + 25\gamma^4}}{8(4 - 2\gamma - \gamma^2)}$$

$$b_4 = \frac{14 + 2\gamma - 7\gamma^2 + \sqrt{324 - 72\gamma - 224\gamma^2 + 4\gamma^3 + 49\gamma^4}}{2(4 - 4\gamma)}$$

根据（5-18）式中产品销量表达式 $q_i^{\text{Ⅲ}}$，我们分别对弹性系数 b 求偏导得

$$\begin{cases} \frac{\partial q_1^{\text{Ⅲ}}}{\partial b} = -\frac{4\gamma(3 - \gamma - \gamma^2)}{[4 - \gamma^2 + 4b(2 - \gamma^2)]^2} < 0 \\ \frac{\partial q_2^{\text{Ⅲ}}}{\partial b} = -\frac{8b(4 - \gamma^2)(9 - \gamma - 4\gamma^2) + (4 - \gamma^2)[18 - \gamma(2 + 5\gamma)] + 8b^2\{36 - \gamma[4 + \gamma(31 - \gamma - 7\gamma^2)]\}}{2(1 + 2b)^2[4 - \gamma^2 + 4b(2 - \gamma^2)]^2} < 0 \\ \frac{\partial q_{to}^{\text{Ⅲ}}}{\partial b} = \frac{72(1 + 2b)^2 - 8(1 + 2b)^2\gamma - 16(1 + 2b)(2 + 7b)\gamma^2 + 3(1 + 4b)\gamma^4}{2(1 + 2b)^2[4 - \gamma^2 + 4b(2 - \gamma^2)]^2} > 0 \end{cases}$$

根据（5-18）式中产品销量表达式 $q_1^{\text{Ⅲ}}$ 我们求关于替代系数 γ 的偏导数为

$$\frac{\partial q_1^{\text{Ⅲ}}}{\partial \gamma} = \frac{4 + \gamma(8 + \gamma) - 8b(1 - 6\gamma) - 16b^2[2 - \gamma(4 - \gamma)]}{2[4 - \gamma^2 + 4b(2 - \gamma^2)]^2}$$

上式分母恒大于 0，该式的符号由分子确定。又由于 $\lim_{\gamma \to 0} \frac{\partial q_1^{\text{Ⅲ}}}{\partial \gamma} < 0$，$\lim_{\gamma \to 1} \frac{\partial q_1}{\partial \gamma} > 0$。因此，必定存在 $\gamma^* \in (0, 1)$，当 $\gamma < \gamma^*$ 时，产品销量 $q_1^{\text{Ⅲ}}$ 随替代系数增大而降低；当 $\gamma > \gamma^*$ 时，产品销量 $q_1^{\text{Ⅲ}}$ 随替代系数增大而升高。产品销量 $q_2^{\text{Ⅲ}}(q_{to}^{\text{Ⅲ}})$ 与替代系数关系的证明与以上证明类似，这里不再赘述。证毕。

结论 5-3 给出了投机者 T 进行平行进口贸易时需满足的市场条件。实际中，投机者进行套利投机有两个前提条件：①制造商会向市场 2 提供产品，$q_2^{\text{Ⅲ}} > 0$；②投机者参与平行进口贸易时有利可图，$q_{to}^{\text{Ⅲ}} > 0$。分析发现，当市场 2 的需求弹性较小时，将没有足够的利润空间以支撑投机者进行平行进口贸易，因此，需满足条件 $b > b_3$。从极端情形看，当弹性系数 b 无穷大时，市场 2 中产品销量将小于 0，$q_2^{\text{Ⅲ}} < 0$，制造商将不会向市场 2 提供产品，因此，需满

足条件 $b < b_2$。替代系数表征市场 1 中授权渠道产品与平行产品的差异程度。从极端情形看，当 $\gamma = 0$ 时，平行产品与市场 1 中授权渠道产品完全无关，此时若替代系数增大，两类产品将产生竞争，因此，将降低产品销量 q_1^{III}。然而当 $\gamma > \gamma^*$ 时，平行产品对市场 1 中授权渠道产品的侵蚀程度过强，制造商将会采取措施（如提高批发价格）以抑制平行进口，使得市场 1 中授权渠道产品销量增加。随着替代系数的增大，从市场 2 中流出的平行产品的数量会降低，从而使得可供市场 2 中消费者购买的产品的数量增加。结论 5-3 与人们的经济直觉相符。另外，由分销商 F 的反应策略表达式可得 $q_2 = \dfrac{1}{2} - \dfrac{bw_2 + q_{to}}{2}$，该表达式也可说明，平行产品销量的增加将使用可供市场 2 中消费者购买的产品数量下降。

分销商 F 参与平行进口贸易的情形：我们将考虑分销商 F 与平行进口贸易商 T 都参与平行进口贸易——将产品销售到市场 1 中。模型中各事件发生的顺序依次为：首先，制造商进行决策，给出使其自身利润最大化的产品销量 q_1 和批发价格 w_2；其次，分销商 F 基于给定的批发价格和投机者的反应策略选择产品销量 q_2 和 q_{tf}；最后，投机者 T 基于制造商和分销商的决策选择自身利润最大化的平行产品销量 q_{to}。这里指出，市场均衡时相应的指标均以上标"II"标记。下面通过逆向归纳法对这个三阶段的 Stackelberg 博弈模型进行求解。

在第三阶段博弈中，平行进口贸易商 T 基于制造商和分销商的决策选择其利润最大化的平行产品销量 q_{to}，从而其决策目标可描述为

$$\max_{q_{to}} \pi_t = (p_t - p_2) q_{to} = \left[(1 - q_{to} - q_{tf} - \gamma q_1) - \frac{1 - q_2}{b} \right] q_{to}$$

根据平行进口贸易商 T 最优化决策的一阶条件可得其反应策略为

$$q_{to} = \frac{b - 1 + q_2 - b(\gamma q_1 + q_{tf})}{2b} \tag{5-20}$$

在第二阶段博弈中，对于给定的批发价格 w_2，并基于平行进口贸易商 T 的最优反应策略（5-20）式，分销商 F 选择最优的产品销量 q_2 和 q_{tf} 以最大化其利润，其决策目标可描述为

$$\max_{q_2, q_{tf}} \pi_F = \left(\frac{1 - q_2}{b} - w \right) (q_2 + q_{to}) + (p_t - w) q_{tf} \quad (5-21)$$

我们将（5-20）式代入（5-21）式，并利用最优化决策的一阶条件求得产品销量 q_2 和 q_{tf}，并代入（5-20）式求出 q_{to} 的表达式，求出分销商 F 与平行进口贸易商 T 的反应策略分别为

$$\begin{cases} q_2 = \dfrac{2 + b + b\gamma q_1}{2(1 + 2b)} - \dfrac{bw_2}{2} \\[3mm] q_{tf} = \dfrac{1 - \gamma q_1 - w_2}{2} \\[3mm] q_{to} = \dfrac{b(1 - \gamma q_1) - 1}{2(1 + 2b)} \end{cases} \quad (5-22)$$

在第一阶段博弈中，制造商 M 基于分销商 F 和平行进口贸易商 T 的最优反应策略（5-22）式，选择其利润最大化的批发价格 w_2 和产品销量 q_1，其决策目标可描述为

$$\max_{w_2, q_1} \pi_M = [1 - q_1 - \gamma(q_{to} + q_{tf})] q_1 + w(q_2 + q_{to} + + q_{tf}) \quad (5-23)$$

我们将（5-22）式代入（5-23）式，利用制造商最优决策的一阶条件求得产品销量 q_1 和批发价格 w_2，进一步代入（5-22）式，由此可得定理 5-3。

定理 5 - 3 分销商 F 与平行进口贸易商 T 都参与平行进口贸易，Stackelberg 竞争下市场均衡时制造商 M、分销商 F 和投机者 T 的最优策略为

$$\begin{cases} w_2^{\text{II}} = \dfrac{1}{1 + b} \\[4mm] q_1^{\text{II}} = \dfrac{2 + b(4 - 3)\gamma}{4 + 8b - 2\gamma^2(1 + 3b)} \\[4mm] q_2^{\text{II}} = \dfrac{4b(6 + 3b - 2b^2) + 2b\gamma(1 + 3b + 2b^2) + \gamma^2(2 + 3b)(b^2 - 5b - 2) + 8}{4(1 + b)(1 + 2b)[2 - \gamma^2 + b(4 - 3\gamma^2)]} \\[4mm] q_{tf}^{\text{II}} = \dfrac{b[b(8 - 4\gamma - 3\gamma^2) - \gamma(6 - \gamma) + 4] - 2\gamma}{4(1 + b)[2 - \gamma^2 + b(4 - 3\gamma^2)]} \\[4mm] q_{to}^{\text{II}} = \dfrac{b^2(8 - 4\gamma - 3\gamma^2) - 2b(2 + \gamma - 2\gamma^2) + 2\gamma^2 - 4}{4(1 + 2b)[2 - \gamma^2 + b(4 - 3\gamma^2)]} \end{cases}$$

$$(5-24)$$

定理 5-3 给出了分销商 F 与投机者 T 都进行平行进口贸易时各参与者的最优策略。我们对以上定理中的最优决策进行分析，可得出以下结论。

结论 5-4 分销商 F 与投机者 T 都进行平行进口贸易时：

①当 $b_5 < 1$，则满足条件 $1 < b < b_6$，投机者 T 将被挤出平行进口，即 $q_{tf}^{II} > 0$，$q_{to}^{II} = 0$；

②当 $b_5 > 1$，则满足条件 $1 < b < b_5$，两类投机者的产品销量均为 0，即 $q_{tf}^{II} = 0$，$q_{to}^{II} = 0$；满足条件 $b_5 < b < b_6$，投机者 T 将被挤出平行进口，即 $q_{tf}^{II} > 0$，$q_{to}^{II} = 0$；

③当满足条件 $b_6 < b < b_7$ 时，两类投机者的平行产品销量均大于 0，即 $q_{tf}^{II} > 0$，$q_{to}^{II} > 0$；

④当 $b > b_7$ 时，制造商将不为分销商 F 供应产品，即 $q_{tf}^{II} = 0$，$q_{to}^{II} = 0$，$q_2^{II} = 0$。其中，b_5 为 $q_{tf}^{II}(b, \gamma) \mid_{b = b_5} = 0$，$b_6$ 为 $q_{to}^{II}(b, \gamma) \mid_{b = b_6} = 0$，$b_7$ 为 $q_2^{II}(b, \gamma) \mid_{b = b_7} = 0$。

证明：由（5-24）式中平行产品销量表达式可知，分母均恒大于 0；q_{tf}^{II}、q_{to}^{II} 表达式的分子均为弹性系数 b 的开口向上的二次函数。令 $q_{tf}^{II} = 0$，求出表达式的两个根（一正一负），记大于 0 的根为 b_5；令 $q_{to}^{II} = 0$，求出表达式的两个根（一正一负），记大于 0 的根为 b_6。经比较可知 $b_5 < b_6$，其中，

$$b_5 = \frac{(6 - \gamma)\gamma + \sqrt{16 + \gamma[16 + \gamma(12 - 36\gamma + 36\gamma^2)]} - 4}{16 - 8\gamma - 6\gamma^2},$$

$$b_6 = \frac{2 + \gamma - 2\gamma^2 + \sqrt{36 - \gamma[12 + \gamma(35 - 4\gamma - 10\gamma^2)]}}{8 - \gamma(4 + 3\gamma)}。$$

（5-24）式中市场 2 产品销量 q_2^{II} 的分子为 $(8 - 4\gamma^2) + b(24 + 2\gamma - 16\gamma^2) + b^2(12 + 6\gamma - 13\gamma^2) - b^3(8 - 4\gamma - 3\gamma^2)$，记为 $f(b) = \varphi(b) - \psi(b)$。其中，$\varphi(b)$ 表示前三项，$\psi(b)$ 表示最后一项。由于 $\varphi(b)$ 和 $\psi(b)$ 在 $b > 1$ 时均为单调函数，因此，根据 $f(b) = 0$，求出 $b = b_7 > b_6$。

综上所述，当 $b_5 < b < b_6$ 时，有 $q_{tf}^{II} > 0$，$q_{to}^{II} = 0$；当 $b_6 < b < b_7$ 时，有 $q_{tf}^{II} > 0$，$q_{to}^{II} > 0$。证毕。

结论 5-4 给出了分销商 F 与投机者 T 都参与平行进口贸易时的市场条件。

由于两类投机者在产品链中处于不同的层级，导致他们进行平行进口贸易时具有不同的成本。当市场2的需求弹性较小（ $b \to b_5^+$ ）时，对于投机者 T 而言几乎没有套利的空间。然而分销商 F 是以批发价格为成本，因此，只要平行产品价格大于批发价格，则分销商 F 仍然有套利空间。进一步发现，当弹性系数 b 的区间为 (b_5, b_6) 时，可能会存在平行产品由零售价格高的市场流向零售价格低的市场的情形；这一结论是对陈和马斯库（Chen & Maskus，2005）[75]中相关结论的支持与拓展。此外，弹性系数和替代系数对各参与者产品销量的影响，与分销商 F 不参与平行进口贸易时的结论5-3类似，从文章可读性角度考虑，这里不再进行分析。

我们将（5-24）式分别代入制造商、分销商和平行进口贸易商的利润表达式，并分别记为 π_M^{II} 、 π_F^{II} 、 π_L^{II} ，对分销商 F 参与或不参与平行进口贸易时的相关指标进行比较可得以下结论。

结论5-5 分销商 F 参与平行进口贸易时的批发价格高于其不参与平行进口贸易时的批发价格，即 $w_2^{\text{II}} > w_2^{\text{III}}$ 。

证明：由（5-24）、（5-18）式中的批发价格表达式得

$$w_2^{\text{II}} - w_2^{\text{III}} = \frac{b-1}{2(1+b)(1+2b)} > 0$$

证毕。

结论5-5表明，分销商 F 参与平行进口贸易时，制造商将提高批发价格，进而加强其对分销商 F 的控制能力。事实也是如此，由于制造商具有更高的市场地位，如果分销商 F 参与平行进口贸易，制造商就会提高批发价格以减弱平行产品对市场1中授权渠道产品的冲击力度。这与人们的经济直觉相符。

结论5-6 ①存在弹性系数 $b = b^*$ ，当 $b < b^*$ 时，使得分销商不参与平行进口贸易时获得较高的利润；当 $b > b^*$ 时，使得分销商参与平行进口贸易的获得较高的利润。②集中化决策情形下供应链整体的利润高于分散化决策情形下供应链的整体利润。

证明：比较分销商 F 参与平行进口贸易和不参与平行进口贸易两种情形中

的利润函数，$\Delta\pi_F = \pi_F^{II} - \pi_F^{III}$。由于市场1中两类产品是同质的，为了简化计算且不影响分析结果，依据假设条件计算如下：

$$\lim_{\gamma\to 1}\Delta\pi_F = \frac{28 + 84b + b^2[29 - b(19 - 4b)(5 + 4b)]}{16(1 + b)^2(1 + 2b)(3 + 4b)^2}$$

不难发现上式分母恒大于0。当 $b < b^*$ 时，$\Delta\pi_F < 0$；当 $b > b^*$ 时，$\Delta\pi_F > 0$。其中，$\Delta\pi_F\mid_{b=b^*} = 0$。

我们对两种情形中供应链总体利润与集中化决策情形下供应链系统利润进行比较可得

$$\pi^c - (\pi_M^{III} + \pi_F^{III}) = \frac{(3 - \gamma - \gamma^2)^2[1 + b(2 - \gamma^2)]}{(2 - \gamma^2)[4 - \gamma^2 + 4b(2 - \gamma^2)]^2} > 0$$

$$\pi^c - (\pi_M^{II} + \pi_F^{II}) > 0$$

证毕。

结论5-6表明，市场1中授权渠道产品与平行产品的差异较小时，分销商F参与平行进口贸易并不一定能获得更高的利润。事实上，当市场2中的需求弹性较小时（$b < b^*$），制造商为了抑制分销商F参与平行进口贸易而制定较高的批发价格，这对市场2中的需求量影响较小；而当市场2中的需求弹性较大时（$b > b^*$），制造商为了抑制分销商F参与平行进口贸易而制定较高的批发价格，这对市场2中的需求量影响较大。从制造商的角度看，当市场2中的弹性系数较小时，制造商更倾向于制定较高的批发价格以抑制分销商F参与平行进口贸易。因此，在弹性系数较小的情形下分销商F参与平行进口贸易将获得更低的利润（$\pi_F^{I}\mid_{b<b^*} > \pi_F^{II}\mid_{b<b^*}$），而在弹性系数较大的情形下分销商参与平行进口贸易将获得更高的利润（$\pi_F^{I}\mid_{b>b^*} < \pi_F^{II}\mid_{b>b^*}$）。此外，结论5-6给出了集中化决策情形下供应链系统利润要比分散化决策情形下供应链整体利润高，即 $\pi^c > \pi_M^{II} + \pi_F^{II}$，$\pi^c > \pi_M^{III} + \pi_F^{III}$。

为了更清楚地理解市场1中两类产品的替代程度对分销商的套利行为的影响，我们分别取 $b = 2$，$b = 4$，$b = 6$，$b = 10$ 进行数值模拟。我们以 $\Delta\pi_F = \pi_F^{II} - \pi_F^{I}$ 衡量分销商F参与平行进口贸易的动机，即分销商参与平行进口贸易时获得的利润越高，其越有参与平行进口贸易的动机。图5-3为替代系数对授权分销商是否参与投机时的利润的影响，由图5-3可知，与分销商不参与平行进口贸易相比，随着替代系数的增加，其进行平行进口贸易带来的超额利润将减小，即随着替代系数的增加，分销商进行平行进口贸易的动机减弱。在一定条件下，其进行平行进口贸易将获得更低的收益（$\Delta \pi_F < 0$）。

接下来本章将设计恰当的机制对供应链效率进行改进。

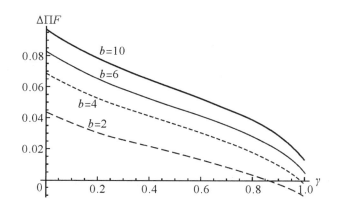

图 5-3　替代系数对授权分销商是否参与投机时的利润的影响

5.5.2　供应链协调的补偿策略

已有很多学者设计诸如"收益共享""价格补贴"和"两部定价"等契约对供应链进行协调，这些契约能使节点企业的利益目标达成一致，从而削弱或消除供应链中的双重边际效应。然而在本章设计的模型结构的供应链中，仅消除节点企业间的双重边际效应是不能实现供应链协调的[171]。在存在平行进口的情形下，一方面如果制定的批发价格较低，虽然能削弱双重边际效应，但是平行进口贸易商的套利空间也会增大，进而平行产品对市场1中授权渠道产品的冲击力度加强；另一方面如果制定的批发价格较高，虽然能阻止平行进口产品的流入，但是同时也会使市场2的销量偏离最优值。因此，我们需要设计一种契约机制，既能削弱双重边际效应，还能在一定程度上抑制分销商进行平行进口贸易，并且要使得节点企业绩效达到帕累托改进。

为了对分散化供应链进行协调，本节考虑一种结构为（w_2, s, f）的补偿契约，其中，w_2 为制造商向分销商提供产品的批发价格；s 为补偿比例，表示为了激励分销商 F 加强合作，将市场 1 中授权渠道产品的销售利润按一定比例补偿给分销商 F；f 为制造商为保证自身利益不受损害，向分销商 F 收取的作为享受补偿和低批发价的"特许费用"。从该契约的结构可以看出，首先，一个较低的批发价格可以削弱节点企业间的双重边际效应；其次，为了激励分销商 F 加强合作以减轻市场 1 中授权渠道产品受到的平行产品的冲击力度，制造商提供的补偿方案能将分销商 F 的收益与市场 1 中授权渠道产品的销量相关联，进而在一定程度上阻止分销商 F 进行平行进口贸易。另外，我们要利用该契约实现供应链协调，就必须使得在以上契约（w_2, s, f）下，供应链节点企业都能达到帕累托改进。

实施该契约时，首先我们考察博弈的第三阶段，即平行进口贸易商基于制造商 M 和分销商 F 的决策选择其利润最大化的平行产品销量 q_{to}，从而其决策目标仍可描述为（5-1）式。根据平行进口贸易商 T 最优化决策的一阶条件可得其反应函数（5-2）式。

其次，在第二阶段博弈中，对于给定的契约参数（w_2, s），并基于平行进口贸易商 T 的最优反应策略，分销商 F 选择最优的产品销量 q_2 以最大化其利润，其决策目标可描述为

$$\max_{q_2}\pi_F = \left(\frac{1-q_2}{b} - w_2\right)(q_2 + q_{to}) + sp_1q_1 - f \tag{5-25}$$

上式中第一项为分销商 F 在市场 2 中销售产品获取的利润，第二项为制造商承诺给予分销商的补偿收入，第三项为分销商 F 享受该补偿契约的转移支付。假设制造商向分销商 F 收取"特许费用"后，分销商 F 的保留收益为 f^*，固定转移支付不影响分销商的最优决策，由此可得

$$f^* = (p_2 - w_2)(q_2 + q_{t0}) + sp_1q_1 - F \tag{5-26}$$

我们将市场 2 的产品价格函数及独立的平行进口贸易商的反应函数（5-2）式代入（5-25）式，并根据一阶最优条件 $\frac{\partial \pi_F}{\partial q_2} = 0$ 求得分销商 F 的反应

策略为

$$q_2 = \frac{2 + b + b\gamma q_1(1 - s) - bw_2(1 + 2b)}{2 + 4b} \quad (5-27)$$

最后我们考察博弈的第一阶段，制造商选择最优销量和批发价格以最大化自身利润，其决策目标可描述为

$$\max_{q_1, w_2} \pi_M = q_1 p_1 + w_2(q_2 + q_{to}) - sp_1 q_1 + F \quad (5-28)$$

我们将（5-26）式代入（5-28）式，再将价格函数、独立的平行进口贸易商反应函数及分销商 F 的反应函数同时代入，并对利润函数 π_M 求关于 q_1 和 w_2 的一阶偏导，可以求出补偿契约下制造商的策略为

$$\begin{cases} q_1^* = \dfrac{2 - \gamma}{2(2 - \gamma^2)} \\[3mm] w_2^* = \dfrac{\gamma(1 - s)(2 - \gamma)}{2(1 + 2b)(2 - \gamma^2)} \end{cases}$$

直觉上，补偿比例越高，制造商将制定越高的批发价格以从分销商 F 处获取相应的转移收入。然而由上式可知，制造商制定的批发价格随补偿比率的升高而降低（ $\dfrac{\partial w_2^*}{\partial s} < 0$ ），这与人们的经济直觉刚好相反。事实上，从制造商的角度看，补偿比例越高，其可以降低批发价格从而刺激市场 2 的需求量，并且能激励分销商与供应链整体的目标一致。另外，替代系数越大，表明市场 1 中两类产品的竞争程度越强，因此，制造商将制定越高的批发价格以减轻平行产品对授权渠道产品的冲击力度（ $\dfrac{\partial w_2^*}{\partial \gamma} > 0$ ）。我们将上式代入（5-27）式，求得分销商的最优销量为

$$q_2^* = \frac{2 + b}{2 + 4b}$$

综上所述，在存在补偿契约情况下制造商和分销商的最优策略与供应链集中化决策情形下的均衡策略一致。我们将补偿契约下的最优策略代入相关利润表达式，可得制造商和分销商的利润分别为

$$\pi_M^* = \frac{(1-s)(2-\gamma)\{2 + b(2-\gamma)(2-\gamma^2) + \gamma[5 - 2\gamma(1+\gamma)]\}}{4(1+2b)(2-\gamma^2)^2} + F^*$$

$$(5-29)$$

$$\pi_F^* = \frac{2(3-\gamma-\gamma^2)^2 + s(2-\gamma)[2 + b(2-\gamma)(2-\gamma^2) + \gamma(5-2\gamma-\gamma^2)]}{4(1+2b)(2-\gamma^2)^2} - F^*$$

$$(5-30)$$

上述补偿契约可以激励分销商 F 加强合作，使得在平行进口情形下的供应链达到协调状态。然而在存在参与约束条件情况下，一方面当采用该补偿契约时的利润大于完全分散化下的利润，制造商才会采用该补偿契约；另一方面当采用该补偿契约后的利润大于完全分散化下的利润，分销商 F 才会接受该补偿契约。换而言之，该补偿契约是否能被实施，主要看制造商和分销商能否均达到绩效帕累托改进。

为了方便叙述，这里分别令（5-29）式和（5-30）式中 $\pi_M^* = (1-s)A + F^*$，$\pi_F^* = B + sA - F^*$，其中，$A = \frac{(2-\gamma)[2 + b(2-\gamma)(2-\gamma^2) + \gamma(5-2\gamma-2\gamma^2)]}{4(1+2b)(2-\gamma^2)^2}$，$B = \frac{2(3-\gamma-\gamma^2)^2}{4(1+2b)(2-\gamma^2)^2}$。

根据制造商和分销商 F 的参与约束条件可知：①当市场 2 的需求弹性较小时（$b < b^*$），制造商向分销商 F 收取的"特许费用"满足 $\pi_M^{\mathrm{I}} - (1-s)A \leq F^* \leq B + sA - \pi_F^{\mathrm{I}}$ 时，制造商和分销商 F 都能达到帕累托改进；②当市场 2 的需求弹性较大时（$b > b^*$），制造商向分销商 F 收取的"特许费用"满足 $\pi_M^{\mathrm{II}} - (1-s)A \leq F^* \leq B + sA - \pi_F^{\mathrm{II}}$ 时，制造商与分销商 F 都达到帕累托改进。记 $F_{min} = \pi_M^i - (1-s)A$ 和 $F_{max} = B + sA - \pi_F^{\mathrm{II}}$。

若令 $F^* = \alpha F_{min} + (1-\alpha)F_{max}$。其中，$\alpha \in [0, 1]$，表示制造商向分销商收取的"特许费用"的相对大小。我们将 F^* 的表达式分别代入（5-29）式、（5-30）式中，化简可得

$$\begin{cases} \pi_M^* = \pi_M^i + (1-\alpha)\Delta \\ \pi_F^* = \pi_F^i + \alpha\Delta \end{cases}$$

$$(5-31)$$

上式中的 Δ 表示协调前后供应链系统利润的增量。综上所述，得出结论5-7。

结论5-7 ①采用以上补偿契约（w_2，s，f）可以实现平行进口贸易环境下的供应链协调；②该补偿契约可以使得制造商和分销商任意分配供应链系统协调后增加的利润。

接下来我们将比较以上三种情形中制造商对于分销商 F 的控制力的差异。根据斯坦纳（Steiner）的定义，零售边际毛利润（retail gross margins）可表示为 RGM = $(p - w)p$，其以不同情形下分销商 F 的 GRM 衡量制造商对于分销商 F 的控制力的差异[202]。依据文献［202］中的结论1，RGM 值越大，表示制造商对渠道的控制力越弱。比较以上三种情形中分销商 F 的 RGM，得出以下结论。

结论5-8 在分销商参与平行进口贸易时，制造商对于分销商 F 的控制力最强；在分销商 F 不参与平行进口贸易时，制造商对于分销商 F 的控制力稍弱；在实施补偿契约情形下，制造商对于分销商 F 的控制力最弱。

证明：根据斯坦纳（Steiner）的定义，对于分销商 F 参与平行进口贸易与不参与平行进口贸易两种情形以及补偿契约下的分销商 F 的零售边际毛利润 RGM，分别以上标 II、III 和 S 表示，即

$$RGM^{\mathrm{III}} = 1 - \frac{3[4 - \gamma^2 + 4b(2 - \gamma^2)]}{18 + 4b(9 - \gamma - 4\gamma^2) - \gamma(2 + 5\gamma)}$$

$$RGM^S = 1 - \frac{(1 - s)(2 - \gamma)\gamma}{3(2 - \gamma^2)}$$

$$RGM^{\mathrm{II}} = 1 - \frac{4(1 + 2b)[2 - \gamma^2 + b(4 - 3\gamma^2)]}{4(1 + 2b)(4 + 5b) - 2(1 + b)(1 + 2b)\gamma - [8 + b(31 + 27b)]\gamma^2}$$

我们将以上三种情形下分销商 F 的零售边际利润 RGM 进行比较可得：$RGM^S > RGM^{\mathrm{III}} > RGM^{\mathrm{II}}$。

综上所述，在分销商参与平等进口时，制造商对于分销商 F 的控制力最强；在分销商 F 不参与平行进口贸易时，制造商对于分销商 F 的控制力稍弱；在实施补偿契约情形下，制造商对于分销商 F 的控制力最弱。

证毕。

结论 5-8 表明了不同情形下制造商对于分销商 F 的控制力的差异。直觉上，由于分销商 F 参与平行进口贸易侵蚀了市场 1 中授权渠道产品的销量，因此，制造商将会对分销商 F 加强控制。当分销商 F 参与平行进口贸易时，制造商对其控制程度最强。另外，由于供应链中实施的补偿契约能使分销商 F 与供应链系统的利益相一致，因此，制造商对于分销商 F 的控制力度不用过强。

5.6 数值分析

为了更清楚地进行分析，接下来将通过数值分析的方法进行更深入的探讨并揭示相关的管理启示。本小节的数值分析将从以下几个方面展开：

首先，本节将考察 5.3 节 D-F 模型中分销商 F 参与平行进口贸易与其不参与平行进口贸易时所获取利润的差异。我们分别取 $b=2$，$b=3$，$b=4b=2$，$b=3$，$b=4$，考虑 γ 在 $(0, 1]$ 变化，分析分销商 F 是否参与平行进口贸易时利润的差异，D-F 模型中分销商 F 是参与平等进口时利润的差异如图 5-4 所示。这里指出，由于本章 D-F 模型中的分销商 F 不参与平行进口贸易的情形就是第 3 章中的 D-F 模型，因此，本章没有重复给出分销商 F 不参与平行进口贸易情形的分析。分销商 F 参与平行进口贸易的动机以其利润差异用 $\Delta\pi_F = \pi_F^1(5) - \pi_F^1(3)$ 来衡量，$\Delta\pi_F$ 表达式中的（5）、（3）分别表示第 5 章中的 D-F 模型和第 3 章中的 D-F 模型。

从图 5-4 可以看出，①分销商 F 参与平行进口贸易时将比其不参与平行进口贸易时获取更高的利润，并且当市场 2 的弹性系数 b 越大，分销商 F 参与平行进口贸易时获取的利润越高。直觉上，分销商 F 参与平行进口能使其获得更为广阔的市场空间，因此，分销商 F 参与平行进口时能获取更高的利润。当市场 2 的弹性系数 b 越大，表明市场 2 中产品的销量受价格变动的影响越明显，制造商将降低批发价格以促使市场 2 中产品的销量增加，又因为分销商 F 参与

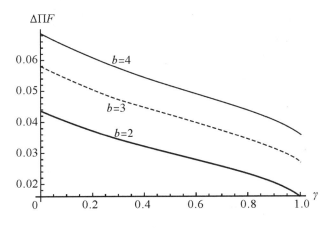

图 5-4　D-F 模型中分销商 F 是否参与平行进口时利润的差异

平行进口贸易的成本为产品的批发价格。因此，市场 2 的弹性系数 b 越大，平行产品的相对竞争力越强，从而分销商 F 参与平行进口贸易时获取的利润也就越高。②与分销商 F 不参与平行进口贸易相比，随着替代系数 γ 的增加，分销商 F 参与平行进口贸易时获取的利润随之降低。这是因为，替代系数 γ 越大，表明市场 1 中授权渠道产品与平行产品的差异程度越小，二者的竞争程度也越大，分销商 F 参与平行进口的获利空间也就越小。因此，分销商 F 参与平行进口贸易时与其不参与平行进口贸易时所获取利润的差异随替代系数 γ 的增加将减小。

其次，本节将考察 5.3 节 D-F 模型中分销商 F 参与平行进口贸易时与其不参与平行进口贸易时供应链整体所获取利润的差异。我们分别取 $b = 2$，$b = 3$，$b = 4$，考虑 γ 在（0，1]变化，D-F 模型中分销商 F 是否参与平行进口贸易时供应链整体利润的差异如图 5-5 所示。分销商 F 是否参与平行进口贸易时供应链整体利润的差异以 $\Delta \Pi = \Pi^1(5) - \Pi^1(3)$ 表示，其中 $\Delta \Pi$ 表达式中的（5）、（3）分别表示第 5 章中的 D-F 模型和第 3 章中的 D-F 模型，供应链整体利润为 $\Pi = \pi_M + \pi_D + \pi_F$。

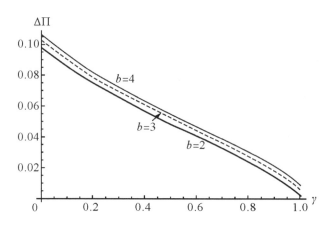

图 5-5　D-F 模型中分销商 F 是否参与平行进口贸易时供应链整体利润的差异

从图 5-5 可以看出，①与分销商 F 不参与平行进口贸易的情形相比，供应链整体利润在分销商 F 参与平行进口贸易的情形中较高，并且当市场 2 的弹性系数 b 越大，分销商 F 参与平行进口贸易时供应链整体获取的利润越高。直觉上，分销商 F 若不参与平行进口贸易，则市场 1 中平行进口产品的市场份额将完全被市场间独立的平行进口贸易商获取，而分销商 F 参与平行进口贸易，则平行进口产品的部分销售收入将保留在供应链中且被分销商 F 获得。因此，分销商 F 参与平行进口贸易时供应链整体将获取更高的利润，这与人们的经济直觉相符。当市场 2 的弹性系数 b 越大，表明市场 2 中产品的销量受价格变动的影响越明显，制造商将降低批发价格以促使市场 2 中产品的销量增加，又因为分销商 F 参与平行进口贸易的成本为产品的批发价格。因此，市场 2 的弹性系数 b 越大，平行产品的相对竞争力越强，从而分销商 F 参与平行进口贸易获取的利润也就越高。分销商 F 的利润是供应链整体利润的组成部分，因此，市场 2 的弹性系数 b 越大，供应链整体获取的利润也就越大。②与分销商 F 不参与平行进口贸易相比，随着替代系数 γ 的增加，供应链整体从分销商 F 参与平行进口贸易中获取的利润也越低。这是因为，替代系数 γ 越大，表明市场 1 中授权渠道产品与平行产品的差异程度越小，二者的竞争程度也越大，分销商 F 参与平行进口的获利空间也就越小。因此，供应链整体从分销商 F 参与平行进口贸易中所获取利润的差异随替代

系数 γ 的增加将减小。

再次，本节将考察 5.5 节 N–D 模型中分销商 F 获取的利润与 5.3 节 D–F 模型中分销商 F 获取的利润的差异。我们分别取 $b = 2$，$b = 3$，$b = 4$，考虑 γ 在 $(0, 1]$ 变化，分析分销商 F 在 5.5 节 N–D 模型与 5.3 节 D–F 模型中参与平行进口贸易时获取的利润差异，本章 N–D 模型与 D–F 模型中分销商 F 参与平等进口贸易时获取的利润差异如图 5-6。两种情形中分销商 F 参与平行进口贸易时获取的利润差异以 $\Delta\pi_F = \pi_F^{\mathrm{III}} - \pi_F^{\mathrm{I}}$ 来表示。

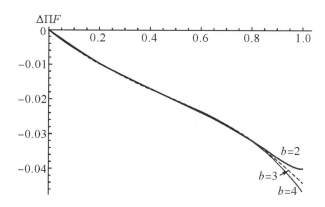

图 5-6　本章 N–D 模型与 D–F 模型中分销商 F 参与平行进口贸易时获取的利润差异

从图 5-6 可以看出，①分销商 F 参与平行进口贸易时，与制造商在市场 1 中通过分销商 D 销售产品的情形相比，制造商在市场 1 中直接销售产品的情形中分销商 F 获取的利润较低。②在替代系数 γ 较小时，弹性系数对此两种情形中分销商 F 获取利润差异的影响不明显；在替代系数 γ 较大时，不同弹性系数对此两种情形中分销商 F 获取利润差异的影响较明显。③随着替代系数 γ 的增大，此两种情形中分销商 F 获取利润的差异增大。从模型的结构上看，一方面，本章的 N–D 模型相当于 D–F 模型中制造商与分销商 D 已经实现协调（结成联盟），联盟以制造商和分销商 D 整体利益进行决策；另一方面，N–D 模型中不存在制造商与分销商 D 之间的双重边际效应，分销商 F 的套利空间较小。因此，分销商 F 参与平行进口贸易时，与制造商在市场 1 中直接销售产品的情形相比，制造商在市场 1 中通过分销商 D 销售产品的情形下，分销商 F 将获取更高的利润，这一点与人们的经济直觉十分相符。事实上，替代系数 γ 越小，表明市场 1 中平行产品与授权渠道产品的竞争越小。从极端情形看，替代系数 $\gamma = 0$，表明分销商 F 开拓了一个全新的市场，此时不管市场 2 中产品的弹性系数取何值，制造商在市场 1 中是直接销售产品还是通过分销商 D 销售产品，分销商 F 获取的利润将无差异；反之，当替代系数 γ 较大时，不同弹性系数对此两种情形中分销商 F 获取利润差异的影响较明显。此外，随着替代系数 γ 的增大，平行产品对市场 1 中授权渠道产品的影响也更加明显，与本章 D-F 模型相比，本章 N-D 模型中制造商对平行产品的反应也越强烈，分销商 F 将很难从其销售平行进口产品中获利。因此，与制造商在市场 1 中通过分销商 D 销售产品的情形相比，随着替代系数 γ 的增大，制造商在市场 1 中直接销售产品时，分销商 F 获取的利润也越小。

最后，本节将考察分销商 F 参与平行进口贸易时，本章 5.5 节 N-D 模型供应链整体利润与第 5.3 节 D-F 模型供应链整体利润的差异。我们分别取 $b = 2$，$b = 3$，$b = 4b = 2$，$b = 3$，$b = 4$，考虑 γ 在 $(0, 1]$ 变化，分析分销商 F 参与平行进口贸易时 N-D 模型中供应链整体利润与 D-F 模型中供应链整体利润的差异，本章 N-D 模型与本章 D-F 模型中供应链整体利润的差异如图 5-7 所示。分销商 F 参与平行进口贸易时，N-D 模型中供应链整体利润与 D-F 模型中供应链整体利润的差异以 $\Delta\Pi = \Pi^{\text{III}} - \Pi^{\text{I}}$ 来表示。其中，N-D 模型中供应链整体利润为 $\Pi^{\text{III}} = \pi_M^{\text{III}} + \pi_F^{\text{III}}$，D-F 模型中供应链整体利润为 $\Pi^{\text{I}} = \pi_M^{\text{I}} + \pi_D^{\text{I}} + \pi_F^{\text{I}}$。

从图 5-7 可以看出，同时存在两类投机者参与平行进口贸易时，与制造商在市场 1 中通过分销商 D 销售产品的情形（D-F 模型）相比，①当替代系数与市场 2 中产品的弹性系数均较小时，制造商在市场 1 中直接销售产品的情形中（N-D 模型）供应链整体利润较高；②随着替代系数的增加，N-D 模型中供应链整体利润与 D-F 模型中供应链整体利润的差异先减小后增大；③替代系数越大，不同弹性系数对供应链整体利润差异的影响较大。从参与者博弈的角度看，本章 D-F 模型中是分销商 D 与平行进口贸易商竞争，而本章 N-D 模型中则是制造商直接与平行进口贸易商进行竞争。在替代系数较小时，供应链

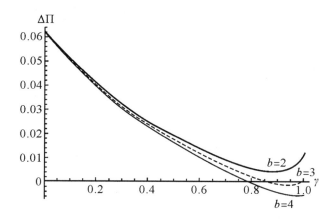

图 5-7　本章 N-D 模型与 D-F 模型中供应链整体利润的差异

整体利润的差异主要是制造商与分销商 D 之间的双重边际效应起作用。因此，制造商在市场 1 中直接销售产品的情形下供应链整体获取更高的利润，并且随着替代系数的增加，双重边际效应越弱。因此，供应链整体利润的差异将降低。在替代系数较大时，供应链整体利润的差异主要是市场 1 中平行产品与授权渠道产品的横向竞争起主要作用，并且制造商直接与平行进口贸易商竞争时的横向竞争更强。因此，在替代系数与市场 2 中产品的弹性系数均较大时，制造商在市场 1 中直接销售产品将造成品牌内部过度竞争，此时供应链整体的利润将受到损失。因此，在图 5-7 中对于 γ 的部分取值有 $\Delta\Pi < 0$。

5.7　本章小结

本章研究了存在独立的平行进口贸易商与授权分销商都参与平行进口贸易时供应链的运作决策及协调机制。

首先，本章考虑由一个制造商和两个分别处于不同国家市场的分销商组成的供应链，并且其中一个授权分销商与市场中独立的平行进口贸易商均参与平行进口贸易。本章通过构建制造商、分销商及平行进口贸易商构成的三阶段 Stackelberg 博弈模型，运用逆向归纳法求解制造商、分销商及平行进口贸易商的运作决策。在此基础上，一方面，比较市场均衡时存在平行进口与市场完全分割下各参与者的运作策略及其所获得的利润的差异；另一方面，将本章授权分销商参与平行进口贸易的情形与其不参与平行进口贸易的情形相比较，分析两种情形下的差异。随后，引入由多种协调契约构成的组合策略，对平行进口贸易环境下 D-F 模型中分散化供应链进行协调。研究表明，制造商将提高参与平行进口贸易分销商的批发价格，降低不参与平行进口贸易分销商的批发价格；并且，在市场满足一定条件时，独立的平行进口贸易商将不进行投机。

其次，基于模型中供应链结构的完备性考虑，5.5 节考虑由单个制造商和单个分销商组成的供应链，并且该分销商与独立的平行进口贸易商均参与平行进口贸易的情形。类似地，本章通过构建制造商、分销商与独立的平行进口贸易商构成的博弈模型，并运用逆向归纳法求解得出制造商、分销商及平行进口贸易商的最优运作决策。在此基础上，一方面，比较市场均衡时存在平行进口与市场完全分割情形下各参与者的运作策略及其所获得的利润的差异；另一方面，将本章 N-D 模型中授权分销商参与平行进口贸易的情形与其不参与平行进口贸易的情形相比较，分析两种情形下的差异。随后，引入由补偿策略、两部定价合同及批发价格合同构成的组合策略，对平行进口贸易环境下 N-D 模型中分散化供应链进行协调。通过分析中可知，在采用本章 D-F 模型和 N-D 模型的供应链结构情形下，分销商 F 均有参与平行进口贸易套利的动机，即分销商 F 参与平行进口能获得更高的利润。分销商 F 参与平行进口贸易时，与制造商在市场 1 中直接销售产品的情形相比，制造商在市场 1 中通过分销商 D 销售产品的情形中，分销商 F 获取的利润更高，供应链整体的利润未必更小，D-F 模型中分销商 F 参与平行进口贸易时供应链整体的利润高于分销商 F 不参与平行进口贸易时供应链整体所获取的利润。

以往关于平行进口的文献仅研究存在平行进口时企业的运作决策以及相应的应对策略，并且假定市场中仅存在一类平行进口贸易商进行套利。因此，本章对同时存在两类投机者的情形进行研究，并在此基础上设计了相应的契约对供应链进行协调。本章的研究为平行进口贸易环境下分散化供应链的运作决策与协调提供了一定的方法指导。

6　总结与展望

6.1　总结

首先，现有关于零售商层面平行进口的研究均从一体化供应链的角度进行，而没有考虑平行进口贸易环境下供应链节点企业间的策略性反应，更没有探讨平行进口贸易环境下分散化供应链的协调问题。其次，现有关于分销商层面平行进口的研究都假定平行产品流入市场中授权分销商与平行进口贸易商是同时决策的。事实上，企业的决策顺序往往依赖于它们各自的市场力量，其中先决策者比后决策者的市场力量要强。因此，现有相关文献隐含地假设授权分销商与平行进口贸易商具有相同的市场力量，而不曾考虑它们具有不同市场力量的情形。而现实中授权分销商往往具有忠实的客户群体和更强的市场力量。最后，毕马威会计师事务所的调查报告显示，除了市场间独立的平行进口贸易商进行平行进口贸易外，很多授权分销商也参与其中。而已有关于平行进口研究的文献要么仅考虑独立平行进口贸易商进行套利，要么仅考虑某授权分销商进行套利，而不曾考虑现实中同时存在这两类投机者的情形。因此，本书主要从以上三个角度对平行进口现象进行研究，与本书第 3 章、第 4 章和第 5 章相对应。

第 3 章研究仅存在独立平行进口贸易商时的供应链运营决策及协调机制。首先，考虑了由一个制造商和两个分别处于不同国家市场的分销商组成的供应链。通过比较市场均衡时，存在平行进口与市场完全分割情形下各参与者的运作策略及其所获得的利润，分析平行进口带来的影响。进一步，以供应链集中化决策为基准，引入收益分享契约对该供应链进行协调，并给出能实现供应链协调以及制造商和分销商均能达到帕累托改进的收益分享系数的有效区间。研究结论表明，①与两个市场完全分割的情形相比，存在平行进口一定能削弱制造商与分销商 D 之间的双重边际效应，即市场 1 中产品的市场价格降低，而制造商与分销商 F 之间的双重边际效应在满足一定条件时得到削弱；②虽然存在平行进口一定会使得分销商 D 的利润降低，但是并不一定能增加分销商 F 和制造商的利润；③供应链集中化决策时供应链整体利润较高，并且通过采用收益分享合同能实现平行进口贸易环境下的供应链的协调。其次，对模型进行拓展，考虑制造商在其中一个市场中直接销售产品的情形。研究表明，①在对三种模型的分散化供应链进行协调时，制造商针对分销商 D 或分销商 F 制定的收益分享合同中，批发价格与收益分享系数的关系相同。②不同的是实现供应链协调的收益分享系数取值的有效区间。③采用收益分享合同对供应链进行协调使得供应链绩效提升的效率如下：D-F 模型供应链绩效提升的效率最大，当替代系数较小或较大时，N-D 模型供应链绩效提升的效率小于 N-F 模型供应链绩效提升的效率；当替代系数较大时，结果相反。

第 4 章研究仅授权分销商参与平行进口贸易时的供应链运营决策及协调机制，从平行产品流入市场中授权分销商与平行进口贸易商序贯决策的角度研究供应链的运作决策及协调的问题。本章得到的主要结论为，存在批发价合同情况下，①分销商 D 有动机和能力先决策，进而获取比二者同时决策情形下更高的利润；②与同时决策情形相比，制造商在二者序贯决策情形下也获得较高的利润；③分销商 D 先决策可以降低平行产品的销量和平行进口贸易商的投机利润；④在二者有不同的决策的情形下，制造商不需要调整其批发价格策略；⑤存在两部定价合同情况下，制造商对两个分销商收取的固定费用下界随替代系数的增大而减小，制造商对分销商 D 收取的固定费用下界随投机成本的增加而增加，而对分销商 F 收取的固定费用下界随投机成本的增加而减小。

第5章研究同时存在两类投机者时的供应链运营决策及协调机制。考虑了制造商在两个市场中均通过分销商销售产品的情形，并对模型进行拓展。本章得到的主要结论如下：①在D-F模型中，制造商将提高参与平行进口贸易分销商的批发价格，降低不参与平行进口贸易分销商的批发价格；并且，当市场满足一定条件时，独立的平行进口贸易商将不进行投机；分销商F参与平行进口贸易时供应链整体的利润高于分销商F不参与平行进口贸易时供应链整体所获取的利润。②在采用本章D-F模型和本章N-D模型的供应链结构情形下，分销商F均有参与平行进口贸易套利的动机，即分销商F参与平行进口能获得更高的利润。③分销商F参与平行进口贸易时，与制造商在市场1中直接销售产品的情形相比，制造商在市场1中通过分销商D销售产品的情形中，分销商F获取的利润更高，供应链整体的利润未必更小。

6.2 展望

本书假定市场信息完全和需求确定，研究了仅独立平行进口贸易商进行平行进口贸易、仅授权分销商参与平行进口贸易以及同时存在两类投机者进行平行进口贸易三种环境下，供应链的运作决策及绩效改进问题，并取得了阶段性的研究成果。未来可沿着如下几个方向开展进一步的研究：

（1）在信息不对称情形下对平行进口现象进行研究。现实中，供应链中各节点企业往往无法拥有其他成员所拥有的信息，从而产生成员间的信息不对称现象。因此，未来可考虑制造商和分销商在不对称信息情形下对平行进口现象进行研究。

（2）在市场需求不确定情形下研究平行进口。现在关于平行进口的研究大都是假定市场需求是确定的理想状态，现实中，市场需求往往是不确定性的。因此，未来可考虑从市场需求是不确定的角度对平行进口现象进行研究。

（3）本书没有考虑两个国家汇率变动、税率变动以及库存成本等因素。

事实上，平行进口现象产生的原因有很多，如汇率变动或税率变动。因此，接下来的研究方向将从不同国家的汇率、税率、库存成本的角度进行。

（4）由于关于平行进口的相关研究尚处于起步阶段，本书与现有研究类似，仅考虑了两个国家的市场，还没有考虑第三方国家市场的情形，因此将第三方国家市场纳入考虑也是进一步对平行进口现象进行研究的方向。

参考文献

［1］章亚南，晓勇.虚拟灰色市场中消费者购物意愿影响因素实证研究［J］.经济问题，2011（7）：61-64.

［2］GALLINI N T, HOLLIS A. A contractual approach to the gray market［J］. International Review of Law and Economics, 1999, 19（1）：1-21.

［3］DUHAN D F, SHEFFET M J. Gray markets and the legal status of parallel importation［J］. The Journal of Marketing, 1988, 52（3）：75-83.

［4］HUANG J H, LEE B C Y, HSUN HO S. Consumer attitude toward gray market goods［J］. International Marketing Review, 2004, 21（6）：598-614.

［5］董桂文.贸易自由化下的平行进口法律规制研究［D］.北京：对外经济贸易大学，2006.

［6］蔡明芳，邱俊荣，黎婉郁.平行输入与仿冒行为的经济分析［J］.经济论文业刊，2013，41（3）：279-302.

［7］ALBERTS S J. Trademarks and gray market goods：Why US trademark holders should be held strictly liable for fefective gray market imports［J］. Geo. Wash. J. Int'l L. & Econ., 1991, 25（3）：841.

［8］BUCKLIN L P. Modeling the international gray market for public policy decisions［J］. International Journal of Research in Marketing, 1993, 10（4）：387-405.

［9］NATIONAL ECONOMIC RESEARCH ASSOCIATES. The economic consequences of the choice of regime in the area of trademarks［R］. London：NERA 1999.

［10］王加文.关于灰色市场利益相关者的研究［D］.广州：广东省社会科

学院, 2014.

[11] 周宏. 国际灰市场对跨国经营企业的经济影响分析 [J]. 北方工业大学学报, 1996, 8 (2): 90-96.

[12] MYERS M B. Incidents of gray market activity among US exporters: Occurrences, characteristics, and consequences [J]. Journal of International Business Studies, 1999, 30 (1): 105-126.

[13] LEE B C Y. Consumer perceived importance of channel authorization: A post hoc segmentation approach to dealing with gray markets [J]. Australasian Marketing Journal, 2006, 14 (1): 10-22.

[14] 武兰芬. 专利产品平行进口的经济分析与贸易实证研究 [D]. 武汉: 华中科技大学, 2006.

[15] 孟祥铭, 汤倩慧. 中国跨境贸易电子商务发展现状与对策分析 [J]. 沈阳工业大学学报 (社会科学版), 2014, 7 (2): 120-125.

[16] 郑洁熹. 化妆品的平行进口分析及权利耗尽理论的研究 [D]. 武汉: 华中科技大学, 2005.

[17] 徐静. 商标平行进口法律问题研究 [D]. 武汉: 武汉理工大学, 2005.

[18] WEIGAND R E. The gray market comes to Japan [J]. Columbia Journal of World Business, 1989, 24 (3): 18-24.

[19] 闫宏. 专利默示许可规则探析 [D]. 北京: 清华大学, 2007.

[20] 习慧波. 首次销售原则在版权平行进口中的适用: 由美国教科书案带来的启示 [J]. 知识经济, 2014 (23): 17-18.

[21] MASKUS K E, CHEN Y. Vertical price control and parallel imports: Theory and evidence [J]. Review of International Economics, 2004, 12 (4): 551-570.

[22] IKEDA T, TOSHIMITSU T. Third-degree price discrimination, quality choice, and welfare [J]. Economics Letters, 2010, 106 (1): 54-56.

[23] TAN S J, LIM G H, LEE K S. Strategic responses to parallel importing [J]. Journal of Global Marketing, 1997, 10 (4): 45-66.

[24] LIM G H, LEE K S, TAN S J. Gray marketing as an alternative market

penetration strategy for entrepreneurs: Conceptual model and case evidence [J]. Journal of Business Venturing, 2001, 16 (4): 405-427.

[25] CAVUSGIL S T, SIKORA E. How multinationals can counter gray market imports [J]. Columbia Journal of World Business, 1988, 23 (4): 75-85.

[26] CESPEDES F V, COREY E R, RANGAN V K. Gray markets-causes and cures [J]. Harvard Business Review, 1988, 66 (4): 75-82.

[27] ANTIA K D, BERGEN M E, DUTTA S, et al. How does enforcement deter gray market incidence? [J]. Journal of Marketing, 2006, 70 (1): 92-106.

[28] 李长英. 平行进口理论的演化与发展 [J]. 世界经济研究, 2005 (5): 53-57.

[29] ANTIA K D, BERGEN M, DUTTA S. Competing with gray markets [J]. MIT Sloan Management Review, 2004, 46 (1): 63-68.

[30] 李长英. 平行进口产生的充分必要条件 [J]. 当代经济科学, 2004, 26 (2): 17-20.

[31] GANSLANDT M, MASKUS K E. Vertical distribution, parallel trade, and price divergence in integrated markets [J]. European Economic Review, 2007, 51 (4): 943-970.

[32] GUO S, HU B, ZHONG H. Impact of parallel trade on pharmaceutical firm's profits: Rise or fall? [J]. The European Journal of Health Economics, 2013, 14 (2): 345-355.

[33] ZHUANG G, TSANG A S L. A study on ethically problematic selling methods in China with a broaden concept of gray-marketing [J]. Journal of Business Ethics, 2008, 79 (1): 85-101.

[34] HOON ANG S. The influence of physical, beneficial and image properties on responses to parallel imports [J]. International Marketing Review, 2000, 17 (6): 509-524.

[35] ROY S, SAGGI K. Strategic competition and optimal parallel import policy [J]. Canadian Journal of Economics, 2012, 45 (4): 1369-1396.

［36］SU X, MUKHOPADHYAY S K. Controlling power retailer's gray activities through contract design ［J］. Production and Operations Management，2012，21（1）：145-160.

［37］靳医兵，徐印州. 新经济下的供应链管理与企业资金流程再造［J］. 中国管理科学，2002，10（2）：79-83.

［38］NAGARAJAN M, SOSIC G. Coalition stability in assembly models ［J］. Operations Research, 2009, 57（1）：131-145.

［39］范莉莉，艾兴政，唐小我. 主从竞争链的纵向控制结构选择［J］. 管理学报，2013，10（4）：597-601.

［40］肖剑，但斌，张旭梅. 双渠道供应链中制造商与零售商的服务合作定价策略［J］. 系统工程理论与实践，2010，30（12）：2203-2211.

［41］胡劲松，王虹. 三级供应链应对突发事件的价格折扣契约研究［J］. 中国管理科学，2007，15（3）：103-107.

［42］AUTREY R L, BOVA F, SOBERMAN D A. When gray is good：Gray markets and market-creating investments ［J］. Production and Operations Management, 2015, 24（4）：547-559.

［43］RAIMONDOS-MøLLER P, SCHMITT N. Commodity taxation and parallel imports ［J］. Journal of Public Economics, 2010, 94（1）：153-162.

［44］AUTREY R L, BOVA F. Gray markets and multinational transfer pricing ［J］. The Accounting Review, 2012, 87（2）：393.

［45］SHAPIRO J. Modeling the supply chain ［M］. 北京：中信出版社，2002.

［46］刘伟. "权利穷竭说" 质疑及其与国际知识产权贸易的互动 ［D］. 济南：山东大学，2008.

［47］马乐. 国际知识产权贸易中平行进口法律规制研究 ［D］. 长春：吉林大学，2010.

［48］DABBAH M M. EC and UK competition law：Commentary, cases and materials ［M］. Cambridge：Cambridge University Press, 2004.

［49］祝宁波. 平行进口法律制度研究 ［D］. 上海：华东政法学院，2006.

［50］MALUEG D A, SCHWARTZ M. Parallel imports, demand dispersion, and international price discrimination ［J］. Journal of International Economics, 1994, 37（3）: 167-195.

［51］CHARD J S, MELLOR C J. Intellectual property rights and parallel imports ［J］. The World Economy, 1989, 12（1）: 69-84.

［52］HILKE J C. Free-trading or free-riding: An examination of the theories and available empirical evidence on gray market imports ［J］. World Competition, 1988, 32: 75-92.

［53］王婷. 国际贸易中专利产品平行进口及我国应对法律问题研究 ［D］. 南京: 南京师范大学, 2012.

［54］GROSSMAN G M, LAI E L C. Parallel imports and price controls ［J］. The Rand Journal of Economics, 2008, 39（2）: 378-402.

［55］RICHARDSON M. An elementary proposition concerning parallel imports ［J］. Journal of International Economics, 2002, 56（1）: 233-245.

［56］NARAYANAN V G, SMITH M. Impact of competition and taxes on responsibility center organization and transfer prices ［J］. Contemporary Accounting Research, 2000, 17（3）: 497-529.

［57］ROY S, SAGGI K. Equilibrium parallel import policies and international market structure ［J］. Journal of International Economics, 2012, 87（2）: 262-276.

［58］JELOVAC I, BORDOY C. Pricing and welfare implications of parallel imports in the pharmaceutical industry ［J］. International Journal of Health Care Finance and Economics, 2005, 5（1）: 5-21.

［59］ACHARYYA R, GARCIA-ALONSO M D C. Income based price subsidies and parallel imports ［J］. International Review of Economics & Finance, 2012, 22（1）: 25-41.

［60］IRAVANI F. Essays on supply chains facing competition from gray markets ［D］. Los Angeles: University of California, 2012.

［61］HONG D, MA Y. Competition in the gray market with service spill-over effect [J]. Service Systems and Service Management, 2015: 1-6.

[62] BENNATO A R, VALLETTI T. Pharmaceutical innovation and parallel trade [J]. International Journal of Industrial Organization, 2014, 33: 83-92.

[63] DANZON P M, TOWSE A. Differential pricing for pharmaceuticals: Reconciling access, R&D and patents [J]. International Journal of Health Care Finance and Economics, 2003, 3 (3): 183-205.

[64] AHMADI R, YANG B R. Parallel imports: Challenges from unauthorized distribution channels [J]. Marketing Science, 2000, 19 (3): 279-294.

[65] AHMADI R, IRAVANI F, MAMANI H. Coping with gray markets: The impact of market conditions and product characteristics [J]. Production and Operations Management, 2015, 24 (5): 762-777.

[66] SHAVANDI H, VALIZADEH KHAKI S, KHEDMATI M. Parallel importation and price competition in a duopoly supply chain [J]. International Journal of Production Research, 2015, 53 (10): 3104-3119.

[67] IRAVANI F, DASU S, AHMADI R. Beyond price mechanisms: How much can service help manage the competition from gray markets? [J]. European Journal of Operational Research, 2016, 252 (3): 789-800.

[68] MATSUI K. Gray-market trade with product information service in global supply chains [J]. International Journal of Production Economics, 2014, 147 (B): 351-361.

[69] MUKHERJEE A, ZHAO L. Profitable parallel trade in unionized markets [J]. Journal of Economics, 2012, 107 (3): 267-276.

[70] MATSUSHIMA N, MATSUMURA T. Profit-enhancing parallel imports [J]. Open Economies Review, 2010, 21 (3): 433-447.

[71] AUTREY R L, BOVA F, SOBERMAN D A. Organizational structure and gray markets [J]. Marketing Science, 2014, 33 (6): 849-870.

[72] KIM B, PARK K S. Organizational structure of a global supply chain in the presence of a gray market: Information asymmetry and valuation difference [J].

International Journal of Production Economics, 2016, 175: 71-80.

[73] ARYA A, MITTENDORF B, YOON D H. Friction in related-party trade when a rival is also a customer [J]. Management Science, 2008, 54 (11): 1850-1860.

[74] XIAO Y, PALEKAR U, LIU Y. Shades of gray-the impact of gray markets on authorized distribution channels [J]. Quantitative Marketing and Economics, 2011, 9 (2): 155-178.

[75] CHEN Y, MASKUS K E. Vertical pricing and parallel imports [J]. The Journal of International Trade & Economic Development, 2005, 14 (1): 1-18.

[76] ZHANG J. The benefits of consumer rebates: A strategy for gray market deterrence [J]. European Journal of Operational Research, 2016, 251 (2): 509-521.

[77] MASKUS K E, STAHLER F. Retailers as agents and the limits of parallel trade [J]. European Economic Review, 2014, 70: 186-196.

[78] MANTOVANI A, NAGHAVI A. Parallel imports and innovation in an emerging economy: The case of Indian pharmaceuticals [J]. Health Economics, 2012, 21 (11): 1286-1299.

[79] VALLETTI T M, SZYMANSKI S. Parallel trade, international exhaustion and intellectual property rights: A welfare analysis [J]. The Journal of Industrial Economics, 2006, 54 (4): 499-526.

[80] LI C, MASKUS K E. The impact of parallel imports on investments in cost-reducing research and development [J]. Journal of International Economics, 2006, 68 (2): 443-455.

[81] VALLETTI T M. Differential pricing, parallel trade, and the incentive to invest [J]. Journal of International Economics, 2006, 70 (1): 314-324.

[82] LI C, ROBLES J. Product innovation and parallel trade [J]. International Journal of Industrial Organization, 2007, 25 (2): 417-429.

[83] MATTEUCCI G, REVERBERI P. Parallel trade, product quality, and welfare [J]. Economics letters, 2014, 122 (2): 258-262.

[84] CHEN H L. Gray marketing: Does it hurt the manufacturers? [J]. Atlantic Economic Journal, 2009, 37 (1): 23-35.

[85] MAZUMDAR M, BANERJEE D S. On price discrimination, parallel trade and the availability of patented drugs in developing countries [J]. International Review of Law and Economics, 2012, 32 (1): 188-195.

[86] RAFF H, SCHMITT N. Why parallel trade may raise producers' profits [J]. Journal of International Economics, 2007, 71 (2): 434-447.

[87] SU X, MUKHOPADHYAY S K. Controlling power retailer's gray activities through contract design [J]. Production and Operations Management, 2012, 21 (1): 145-160.

[88] 肖勇波, 陈剑, 刘晓玲, 等. 季节性产品销售商动态串货博弈模型 [J]. 系统工程理论与实践, 2008, 28 (3): 35-43.

[89] DASU S, AHMADI R, CARR S M. Gray markets, a product of demand uncertainty and excess inventory [J]. Production and Operations Management, 2012, 21 (6): 1102-1113.

[90] HU M, PAVLIN J M, SHI M. When gray markets have silver linings: All-unit discounts, gray markets, and channel management [J]. Manufacturing & Service Operations Management, 2013, 15 (2): 250-262.

[91] LEE H, WHANG S. The impact of the secondary market on the supply chain [J]. Management Science, 2002, 48 (6): 719-731.

[92] 官振中, 李伟. 存在投机商和策略型消费者的零售商定价研究 [J]. 系统工程理论实践, 2015, 35 (2): 308-314.

[93] WANG Y, JIANG L, SHEN Z J. Channel performance under consignment contract with revenue sharing [J]. Management Science, 2004, 50 (1): 34-47.

[94] JEULAND A, SHUGAN S M. Managing channel profits [J]. Marketing Science, 2008, 27 (1): 52-69.

[95] 黄健, 肖条军, 盛昭瀚. 多渠道供应链管理研究述评 [J]. 科研管理, 2009, 30 (5): 25-32.

[96] 曹宗宏,赵菊,张成堂,等.品牌与渠道竞争下的定价决策与渠道结构选择 [J].系统工程学报,2015,30(1):104-114.

[97] 张盼,熊中楷,晏伟.考虑网络直销交货期的零售商双渠道策略 [J].工业工程与管理,2013,18(1):46-52.

[98] WEBB K L, HOGAN J E. Hybrid channel conflict: Causes and effects on channel performance [J]. Journal of Business & Industrial Marketing, 2002, 17 (5):338-356.

[99] TSAY A A, AGRAWAL N. Channel conflict and coordination in the e-commerce age [J]. Production and Operations Management, 2004, 13 (1):93-110.

[100] WEBB K L, LAMBE C J. Internal multi-channel conflict: An exploratory investigation and conceptual framework [J]. Industrial Marketing Management, 2007, 36 (1):29-43.

[101] 李书娟.考虑交易者行为的双渠道供应链定价策略研究 [D].武汉:华中科技大学,2012.

[102] BALASUBRAMANIAN S. Mail versus mall: A strategic analysis of competition between direct marketers and conventional retailers [J]. Marketing Science, 1998, 17 (3):181-195.

[103] BALAKRISHNAN A, SUNDARESAN S, ZHANG B. Browse-and-switch: Retail-online competition under value uncertainty [J]. Production and Operations Management, 2014, 23 (7):1129-1145.

[104] 陈云,王浣尘,沈惠璋.电子商务零售商与传统零售商的价格竞争研究 [J].系统工程理论与实践,2006,26(1):35-41.

[105] CHUN S H, RHEE B D, PARK S Y, et al. Emerging dual channel system and manufacturer's direct retail channel strategy [J]. International Review of Economics & Finance, 2011, 20 (4):812-825.

[106] 陈远高,刘南.存在差异性产品的双渠道供应链协调研究 [J].管理工程学报,2011,25(2):239-244.

[107] 但斌, 徐广业. 随机需求下双渠道供应链协调的收益共享契约 [J]. 系统工程学报, 2013, 28 (4): 514-521.

[108] 陈树桢. 电子商务环境下营销渠道选择与协调研究 [D]. 重庆: 重庆大学, 2009.

[109] 晏伟. 双渠道供应链中耐用品营销的几个问题研究 [D]. 重庆: 重庆大学, 2014.

[110] ZETTELMEYER F. Expanding to the Internet: Pricing and communications strategies when firms compete on multiple channels [J]. Journal of Marketing Research, 2000, 37 (3): 292-308.

[111] OFEK E, KATONA Z, SARVARY M. "Bricks and clicks": The impact of product returns on the strategies of multichannel retailers [J]. Marketing Science, 2011, 30 (1): 42-60.

[112] CHUN S H, KIM J C. Pricing strategies in B2C electronic commerce: Analytical and empirical approaches [J]. Decision Support Systems, 2005, 40 (2): 375-388.

[113] 陈云, 王浣尘, 沈惠璋. 互联网环境下双渠道零售商的定价策略研究 [J]. 管理工程学报, 2008, 22 (1): 34-39.

[114] KURATA H, YAO D Q, LIU J J. Pricing policies under direct vs. indirect channel competition and national vs. store brand competition [J]. European Journal of Operational Research, 2007, 180 (1): 262-281.

[115] DAN B, XU G, LIU C. Pricing policies in a dual-channel supply chain with retail services [J]. International Journal of Production Economics, 2012, 139 (1): 312-320.

[116] LU Q, LIU N. Pricing games of mixed conventional and e-commerce distribution channels [J]. Computers & Industrial Engineering, 2013, 64 (1): 122-132.

[117] 张桂涛, 胡劲松, 孙浩, 等. 具有缺陷产品的双渠道闭环供应链网络均衡 [J]. 中国管理科学, 2013, 21 (5): 68-79.

[118] 唐秋生, 任玉珑, 王勇, 等. 需求不确定的双源双渠道闭环供应链库存优化模型 [J]. 预测, 2011, 30 (4): 30-35.

[119] 李新然, 吴义彪. 以旧换再补贴对双渠道销售闭环供应链的影响 [J]. 科研管理, 2015, 36 (9): 106-118.

[120] JIANG C, XU F, SHENG Z. Pricing strategy in a dual-channel and re-manufacturing supply chain system [J]. International Journal of Systems Science, 2010, 41 (7): 909-921.

[121] MA W, ZHAO Z, KE H. Dual-channel closed-loop supply chain with government consumption-subsidy [J]. European Journal of Operational Research, 2013, 226 (2): 221-227.

[122] 李辉; 汪传旭. 政府补贴下双渠道销售与回收闭环供应链决策分析 [J]. 商业研究, 62 (5): 162-170.

[123] 王玉燕. 政府干涉下双渠道回收的闭环供应链模型分析 [J]. 运筹与管理, 2012, 21 (3): 250-255.

[124] 周海云, 杜纲, 安彤. 政府干涉下双渠道营销的闭环供应链协调 [J]. 华东经济管理, 2014, 28 (1): 138-142.

[125] 张维霞, 郭军华, 朱佳翔. 政府约束下的双渠道再制造闭环供应链定价决策 [J]. 华东交通大学学报, 2015, 32 (2): 78-86.

[126] 林杰, 曹凯. 双渠道竞争环境下的闭环供应链定价模型 [J]. 系统工程理论与实践, 2014, 34 (6): 1416-1424.

[127] 刘汉进, 范小军, 陈宏民. 零售商价格领导权结构下的双渠道定价策略研究 [J]. 中国管理科学, 2015, 23 (6): 91-98.

[128] 唐飞, 许茂增. 零售商公平关切下双渠道闭环供应链的协调 [J]. 数学的实践与认识, 2016, 46 (8): 63-73.

[129] 徐峰, 盛昭瀚. 产品再制造背景下制造商双渠道定价策略计算实验研究 [J]. 系统管理学报, 2013, 22 (3): 327-334.

[130] 陈娟, 李建华, 李美燕. 基于再制造的单双渠道下高残值易逝品闭环供应链管理 [J]. 上海交通大学学报, 2010, 44 (3): 354-359.

［131］孙浩，达庆利.基于产品差异的再制造闭环供应链定价与协调研究
［J］.管理学报，2010，7（5）：733-738.

［132］郭军华，朱文正，倪明，等.考虑可再利用率的双渠道闭环供应链定价决策［J］.华东交通大学学报，2016，33（2）：139-146.

［133］李新然，何琦.双渠道销售差别定价闭环供应链协调应对生产成本扰动研究［J］.运筹与管理，2015，24（4）：41-51.

［134］曹晓刚，郑本荣，闻卉.考虑顾客偏好的双渠道闭环供应链定价与协调决策［J］.中国管理科学，2015，23（6）：107-117.

［135］胡东波，翟雯瑶.双渠道供应链定价策略与协调机制研究综述［J］.科技管理研究，2013，33（2）：183-186.

［136］李泽彪，王正成，潘旭伟.线上线下双渠道供应链的库存优化研究综述［J］.浙江理工大学学报（社会科学版），2014，32（2）：108-113.

［137］曹细玉，覃艳华，陈本松.双渠道供应链管理研究综述［J］.科技管理研究，2014，34（17）：185-189.

［138］STERN L W, EL-ANSARY A I, COUGHLAN A T. Marketing channels［M］. N J：Prentice Hall, 2001.

［139］TSAY A, AGRAWAL N. Channel dynamics under price and service competition［J］. Manufacturing & Service Operations Management, 2000, 2（4）：372-391.

［140］BROOKER K. E-rivals seem to have home depot awfully nervous［J］. Fortune, 1999, 140（4）：28-29.

［141］ANCARANI F, SHANKAR V. Price levels and price dispersion within and across multiple retailer types：Further evidence and extension［J］. Journal of the Academy of Marketing Science, 2004, 32（2）：176-187.

［142］MUKHOPADHYAY S K, YAO D Q, YUE X. Information sharing of value-adding retailer in a mixed channel hi-tech supply chain［J］. Journal of Business Research, 2008, 61（9）：950-958.

［143］CHEN K Y, KAYA M, OZER O. Dual sales channel management with service competition［J］. Manufacturing & Service Operations Management, 2008, 10

（4）：654-675.

[144] 赵礼强，徐家旺. 基于电子市场的供应链双渠道冲突与协调的契约设计 [J]. 中国管理科学，2014, 22 (5)：61-68.

[145] 王瑶，但斌，刘灿，等. 服务具有负溢出效应的异质品双渠道供应链改进策略 [J]. 管理学报，2014, 11 (5)：758-763.

[146] WEBB K L, LAMBE C J. Internal multi-channel conflict：An exploratory investigation and conceptual framework [J]. Industrial Marketing Management, 2007, 36 (1)：29-43.

[147] HUANG S, YANG C, LIU H. Pricing and production decisions in a dual-channel supply chain when production costs are disrupted [J]. Economic Modelling, 2013, 30：521-538.

[148] MA L, ZHANG R, GUO S, ET AL. Pricing decisions and strategies selection of dominant manufacturer in dual-channel supply chain [J]. Economic Modelling, 2012, 29 (6)：2558-2565.

[149] KHOUJA M, WANG Y. The impact of digital channel distribution on the experience goods industry [J]. European Journal of Operational Research, 2010, 207 (1)：481-491.

[150] 罗美玲，李刚，孙林岩. 基于增值服务的双渠道供应链竞争 [J]. 工业工程与管理，2011, 16 (3)：37-44.

[151] 张盼，熊中楷，郭年. 基于价格和服务竞争的零售商双渠道策略 [J]. 工业工程，2013, 15 (6)：57-62.

[152] 邢伟，汪寿阳，赵秋红，等. 考虑渠道公平的双渠道供应链均衡策略 [J]. 系统工程理论与实践，2011, 31 (7)：1249-1256.

[153] CHIANG W K, CHHAJED D, HESS J D. Direct marketing, indirect profits：A strategic analysis of dual-channel supply-chain design [J]. Management Science, 2003, 49 (1)：1-20.

[154] YAO D Q, LIU J J. Competitive pricing of mixed retail and e-tail distribution channels [J]. Omega, 2005, 33 (3)：235-247.

［155］ARYA A, MITTENDORF B, SAPPINGTON D E M. The bright side of supplier encroachment ［J］. Marketing Science, 2007, 26 (5): 651-659.

［156］CAI G G. Channel selection and coordination in dual-channel supply chains ［J］. Journal of Retailing, 2010, 86 (1): 22-36.

［157］HENDERSHOTT T, ZHANG J. A model of direct and intermediated sales ［J］. Journal of Economics & Management Strategy, 2006, 15 (2): 279-316.

［158］肖剑, 但斌, 张旭梅. 双渠道供应链电子渠道与零售商合作策略研究 ［J］. 系统工程学报, 2009, 24 (6): 673-679.

［159］肖剑, 但斌, 张旭梅. 双渠道供应链中制造商与零售商的服务合作定价策略 ［J］. 系统工程理论与实践, 2010, 30 (12): 2203-2211.

［160］ZHANG R, LIU B, WANG W. Pricing decisions in a dual channels system with different power structures ［J］. Economic Modelling, 2012, 29 (2): 523-533.

［161］赵金实, 段永瑞, 王世进, 等. 不同主导权位置情况下零售商双渠道策略的绩效对比研究 ［J］. 管理工程学报, 2013, 27 (1): 171-177.

［162］李书娟, 张子刚, 黄洋. 风险规避对双渠道供应链运营模式的影响研究 ［J］. 工业工程与管理, 2011, 16 (1): 32-36.

［163］王虹, 周晶. 竞争和风险规避对双渠道供应链决策的影响 ［J］. 管理科学, 2010, 23 (1): 10-17.

［164］DELLAROCAS C. Double marginalization in performance-based advertising: Implications and solutions ［J］. Management Science, 2012, 58 (6): 1178-1195.

［165］HEESE H S. Inventory record inaccuracy, double marginalization, and RFID adoption ［J］. Production and Operations Management, 2007, 16 (5): 542.

［166］MONTGOMERY C A, WERNERFELT B. Sources of superior performance: Market share versus industry effects in the US brewing industry ［J］. Management Science, 1991, 37 (8): 954-959.

［167］鄢章华. 双渠道供应链合作与竞争研究 ［D］. 哈尔滨: 哈尔滨理工大学, 2011.

［168］GAN X, SETHI S, YAN H. Channel coordination with a risk-neutral supplier and a downside-risk-averse retailer [J]. Production & Operations Management, 2005, 14 (1): 80-89.

[169] TSAY A A. Managing retail channel overstock: Markdown money and return policies [J]. Journal of Retailing, 2002, 77 (4): 457-492.

[170] CAHON G P. Chapter 6: Supply chain coordination with contracts [M]. Amsterdam: North Holland Publishers, 2001.

[171] BOYACI T. Competitive stocking and coordination in a multiple-channel distribution system [J]. IIE Transactions, 2005, 37 (5): 407-427.

[172] YAO D Q, YUE X, WANG X, ET AL. The impact of information sharing on a returns policy with the addition of a direct channel [J]. International Journal of Production Economics, 2005, 97 (2): 196-209.

[173] 禹爱民, 刘丽文. 随机需求和联合促销下双渠道供应链的竞争与协调 [J]. 管理工程学报, 2012, 26 (1): 151-155.

[174] CAI G G, ZHANG Z G, ZHANG M. Game theoretical perspectives on dual-channel supply chain competition with price discounts and pricing schemes [J]. International Journal of Production Economics, 2009, 117 (1): 80-96.

[175] 谢庆华, 黄培清. Internet 环境下混合市场渠道协调的数量折扣模型 [J]. 系统工程理论与实践, 2007, 27 (8): 1-11.

[176] 王小龙, 刘丽文. 竞争型双渠道供应链协调问题研究 [J]. 系统工程学报, 2009, 24 (4): 430-437.

[177] PARK S Y, KEH H T. Modelling hybrid distribution channels: A game-theoretic analysis [J]. Journal of Retailing and Consumer Services, 2003, 10 (3): 155-167.

[178] GENG Q, MALLIK S. Inventory competition and allocation in a multi-channel distribution system [J]. European Journal of Operational Research, 2007, 182 (2): 704-729.

[179] 陈树桢, 熊中楷, 李根道, 等. 策略性补偿下混合渠道下游企业创新激励研究 [J]. 管理科学, 2009, 22 (3): 17-26.

［180］ SEIFERT R W, THONEMANN U W, SIEKE M A. Integrating direct and indirect sales channels under decentralized decision-making ［J］. International Journal of Production Economics, 2006, 103（1）: 209-229.

［181］ DONG L, RUDI N. Who benefits from transshipment? Exogenous vs. endogenous wholesale prices ［J］. Management Science, 2004, 50（5）: 645-657.

［182］ GILBERT S M, CVSA V. Strategic commitment to price to stimulate downstream innovation in a supply chain ［J］. European Journal of Operational Research, 2003, 150（3）: 617-639.

［183］ LARIVIERE M A, PORTEUS E L. Selling to the newsvendor: An analysis of price-only contracts ［J］. Manufacturing & Service Operations Management, 2001, 3（4）: 293-305.

［184］ CHEN J, ZHANG H, SUN Y. Implementing coordination contracts in a manufacturer Stackelberg dual-channel supply chain ［J］. Omega, 2012, 40（5）: 571-583.

［185］ CACHON G P, LARIVIERE M A. Supply chain coordination with revenue-sharing contracts: Strengths and limitations ［J］. Management Science, 2005, 51（1）: 30-44.

［186］ MORTINER J H. The effects of revenue-sharing contracts on welfare in vertically separated markets: Evidence from the video rental industry ［R］. Los Angeles: University of California's Wrking Pper, 2000: 1-38.

［187］ LINH C T, HONG Y. Channel coordination through a revenue sharing contract in a two-period newsboy problem ［J］. European Journal of Operational Research, 2009, 198（3）: 822-829.

［188］ YAO Z, LEUNG S C H, LAI K K. Manufacturer's revenue-sharing contract and retail competition ［J］. European Journal of Operational Research, 2008, 186（2）: 637-651.

［189］ 丁正平, 刘业政. 存在搭便车时双渠道供应链的收益共享契约 ［J］. 系统工程学报, 2013, 28（3）: 370-376.

［190］徐广业，但斌，肖剑.基于改进收益共享契约的双渠道供应链协调研究［J］.中国管理科学，2010，18（6）：59-64.

［191］李绩才，周永务，肖旦，等.考虑损失厌恶：对多型供应链的收益共享契约［J］.管理科学学报，2013，16（2）：71-82.

［192］MCGUIRE T W，STAELIN R. Channel efficiency，incentive compatibility，transfer pricing，and market structure：An equilibrium analysis of channel relationships［J］. Research in Marketing，1986，8（1）：181-223.

［193］MOORTHY K S. Comment-managing channel profits：Comment［J］. Marketing Science，1987，6（4）：375-379.

［194］倪得兵，唐小我，曾勇.基于消费者柔性行为的两部定价研究［J］.系统工程理论与实践，2004，24（3）：15-20.

［195］赵海霞，艾兴政，唐小我.制造商规模不经济的链与链竞争两部定价合同［J］.管理科学学报，2013，16（2）：60-70.

［196］赵海霞，艾兴政，马建华，等.风险规避型零售商的链与链竞争两部定价合同［J］.系统工程学报，2013，28（3）：377-386.

［197］FU H，MA Y，NI D，ET AL. Coordinating a decentralized hybrid push - pull assembly system with unreliable supply and uncertain demand［J］. Annals of Operations Research，2015：1-21.

［198］但斌，徐广业，张旭梅.电子商务环境下双渠道供应链协调的补偿策略研究［J］.管理工程学报，2012，26（1）：125-130.

［199］陈树桢，熊中楷，梁喜.补偿激励下双渠道供应链协调的合同设计［J］.中国管理科学，2009，17（1）：64-75.

［200］XU G，DAN B，ZHANG X，ET AL. Coordinating a dual-channel supply chain with risk-averse under a two-way revenue sharing contract［J］. International Journal of Production Economics，2014，147：171-179.

［201］GANSLANDT M，MASKUS K E. Parallel imports and the pricing of pharmaceutical products：Evidence from the European Union［J］. Journal of Health Economics，2004，23（5）：1035-1057.

[202] 申成然, 熊中楷, 晏伟. 网络比价行为下双渠道定价及协调策略研究 [J]. 中国管理科学, 2014, 22 (1): 84-93.

[203] WERNERFELT B. A resource-based view of the firm [J]. Strategice Management Journal, 1984 (5): 171-180.

[204] COLLIS DAVID J, MONTGOMERY, CYNTHIA A. Competing on resource strategy in the 1990s [J]. Harvard Business Review, 1995, 73 (6-8): 118-128.

[205] WILLIAMSON O E. Markets and Hierarchies [M]. New York: Free Press, 1975.

[206] WILLIAMSON O E. The Economic Institution of Capitalism [M]. New York: Free Press, 1985.

[207] DAHLMAN C J. The problem of externality [J]. Journal of Law and Economics, 1979, 22: 141-162.

[208] WILLIAMSON O E. Strategy research: Governance and competence perspectives [J]. Strategic Management Journal, 1999, 20: 1087-1108.

[209] ZAHEER A, VENKATRAMAN N. Determinants of electronic integration in the insurance industry: An empirical test [J]. Management Science, 1994, 40 (5): 549-566.

[210] TEECE D J, PISANO G, SHUEN A. Dynamic capabilites and strategic management [J]. Strategic Management Journal, 1997, 18 (7): 509-533.

[211] KUSUNOKI K I, NONAKA A. Organizational capabilities in product development of Japanese firm: A conceptual framework and empirical finding [J]. Organization Science, 1988, 9 (6): 699-718.

[212] 杨浩, 戴月明. 企业核心专长论: 战略重塑的全新方法 [M]. 上海: 上海财经大学出版社, 2000, 39-43.

[213] 樊纲. 论竞争力 [J]. 管理世界, 1988, 16 (3): 17-22.

[214] 彭丽红. 企业竞争力 [M]. 北京: 经济科学出版社, 2000, 30-70.

[215] 王应洛, 马亚男, 李泊溪. 几个竞争力概念的内涵及相互关系综述

［J］. 预测，2003，22（1）：25-27.

［216］BARNEY J B. Firm resources and sustained competitive advantage ［J］. Journal of Management，1991，17（1）：110-120.

［217］谢恩，李恒. 基于资源观点的联盟中价值创造研究综论 ［J］. 管理科学学报，2003，6（1）：81-86.

［218］奥利弗·E. 威廉姆森. 治理机制 ［M］. 北京：中国社会科学出版社，2001.

［219］李时敏. 交易过程与交易成本 ［J］. 财经问题研究，2002，12：22-26.

［220］罗炜，唐元虎. 企业合作创新的原因与动机 ［J］. 财经问题研究，2002，12：22-26.

［221］张珩，张存禄，黄培清. 基于交易成本理论的企业关系研究 ［J］. 上海海运学院学报，2002，23（3）：39-43.

［222］CLEMONS E M. Information tcchonlogy and industrial cooperation：The changing economics of coordination and ownership ［J］. Journal of Management Information Systems，1992，9（2）：9-28.

后　记

　　本书是基于当前国内外经济活动以及学术研究的热点问题，迎合当前经济全球化发展的需要，对"跨国供应链运营管理"领域进行的一个初步理论探索。本书的主体内容均基于平行进口贸易环境，综合运用消费者行为理论和供应链管理理论，结合博弈论、合同理论、优化理论以及实证（案例）和仿真分析等工具和方法，从运营管理的视角，系统、深入地研究相应供应链结构下的企业运营决策问题，并设计契约合同，以期实现各参与者绩效的帕累托改进。

　　本书在编写过程中得到恩师马永开教授和唐小我教授的悉心指导。两位恩师博大精深的学术造诣和严谨认真的治学态度、虚怀若谷的崇高品格和严于律己的人格魅力、忘我奉献的敬业精神和诲人不倦的工作态度，都深深地感染和激励着我。此外，倪得兵教授、潘景铭教授、付红师兄和范建昌师弟等人对本书的撰写提出了许多建设性意见，在此表示感谢。

　　感谢一直默默地关爱和支持我的家人，是你们的无私奉献使我在这条坎坷的学术道路上坚持下来。特别要感谢给我无限关怀的爱人赵顺涵和给我无限温暖和幸福的宝贝女儿洪顺，在工作过程中，我对妻子和女儿的关怀和付出太少，面对她们，我的愧疚和感激之情无法用语言表达，但我深深地体会到了她们的真爱。

　　本书的出版得到了九江学院经济管理学院的院领导和同事的大力支持，感谢各位支持我的领导和同事。同时，本书的出版得到了国家自然科学基金和江西省高校人文社科基金项目的资助，在此一并致以衷心感谢！

编者